Roland Beier

Reihe U

transpress Fahrzeugportrait

Roland Beier

Reihe U

Einbandgestaltung: Katja Draenert
Titelbild: Roland Beier
Als betriebsfähige Museumslok ist die U 1 der ehemaligen Niederösterreichischen Landesbahnen in Kienberg-Gaming stationiert.

Rücktitelbild: Burkhard Wollny
Schmalspurromantik pur herrschte im Juni 1979 in Grünburg. Die 298.25 der ÖBB wartete mit einem Güterzug auf das Abfahrsignal.

Eine Haftung des Autors oder des Verlages und seiner Beauftragten für Personen-, Sach- und Vermögensschäden ist ausgeschlossen.

ISBN: 3-613-71152-4

© 2001 by transpress Verlag,
Postfach 10 37 43, 70032 Stuttgart
Ein Unternehmen der Paul Pietsch Verlage
GmbH & Co.

1. Auflage 2001

Der Nachdruck, auch einzelner Teile, ist verboten. Das Urheberrecht und sämtliche weiteren Rechte sind dem Verlag vorbehalten. Übersetzung, Speicherung, Vervielfältigung und Verbreitung einschließlich Übernahme auf elektronische Datenträger wie CD-ROM, Bildplatte usw. sowie Einspeicherung in elektronische Medien wie Bildschirmtext, Internet usw. sind ohne vorherige schriftliche Genehmigung des Verlages unzulässig und strafbar.

Lektorat: Dirk Endisch
Innengestaltung: Viktor Stern
Scans: digi bild reinhardt, 73037 Göppingen
Druck: Maisch & Queck, 70839 Gerlingen
Bindung: Dieringer, 70839 Gerlingen
Printed in Germany

Vorwort

Das vorliegende Buch beschäftigt sich mit der Geschichte der österreichischen Reihe U und ihrer Artverwandten. Diese C1-Tenderlok hat wie keine andere das Bild der österreichischen Schmalspurbahnen geprägt. Zurzeit ihrer Entstehung bestand noch die österreichisch-ungarische Monarchie, welche mit ihren Kronländern wesentlich größer als das heutige Österreich war. Dadurch erklärt sich auch die Verbreitung der Reihe U über das derzeitige österreichische Territorium hinaus nach Italien, Jugoslawien, Polen und in die Tschechoslowakei.

Auch nach dem Ende des planmäßigen Dampfbetriebs sind einige Exemplare aus der Familie der U betriebsfähig erhalten geblieben, nunmehr tun sie auf verschiedenen Museumsbahnen Dienst und geben Zeugnis von einer Dampflokomotivtype, deren Entwicklung vor mehr als 110 Jahren begonnen hat.

In der Folge wird diese technische Entwicklung näher beschrieben und vor allem der Einsatz der verschiedenen Spielarten der österreichischen U auf den unterschiedlichsten Schmalspurbahnen in und außerhalb Österreichs dargestellt. Da vor allem die Geschichte der außerhalb von Österreich gelegenen Schmalspurbahnen der Monarchie dem breiten Leserkreis bisher nicht so leicht zugänglich war, wird auch auf die geschichtliche Entwicklung der einzelnen Schmalspurstrecken näher eingegangen.

Diese Beschreibungen werden durch Streckenskizzen, vor allem aber durch zahlreiche Fotos ergänzt, welche die Reihe U sowohl in früheren Zeiten im Alltagsbetrieb als auch in ihrem zweiten Leben als Museumslokomotiven zeigen.

Wien, im Juli 2001
Roland Beier

Inhalt

Die Entstehung der Reihe U — 8

Die Loks der Steyrtalbahn-Type — 8
Die Geburt der Reihe U auf der Murtalbahn — 12
Die Reihe U bei den kaiserlich-königlichen österreichischen
   Staatsbahnen — 14
Die Verbundlokomotiven der Reihe Uv — 18
Die Heißdampflokomotive der Reihe Uh (später Bh) — 20
Die Heißdampflokomotiven der BBÖ-Reihe Uh — 23

Die Lokomotiven der Niederösterreichischen Landesbahnen — 26

Die Mariazellerbahn — 27
Die Waldviertler Schmalspurbahnen — 29

Die Reihe U der Österreichischen Bundesbahnen (BBÖ) — 35

Die Reihe U in der Tschechoslowakei — 36

Bärn–Hof — 37
Röwersdorf–Hotzenplotz (Tremesná–Osoblaha) — 38
Ruzomberok–Korytnica — 40
Ushgorod–Antalovce — 42
Die Friedländer Bezirksbahn — 43
Die Schmalspurbahnen um Neuhaus — 46
Werkbahn Kraluv Dvur — 47

Die Reihe U in Italien: Triest–Parenzo — 49

Die Reihe U in Jugoslawien — 52

Verwendung der U am Balkan im Ersten Weltkrieg — 52
Spalato–Sinj — 56

Die Reihe U in Polen — 58

Przeworsk–Dynów — 58
Lupków–Cisna — 61

Die Reihe U bei den Steiermärkischen Landesbahnen 63
Stainzer Bahn 64
Pöltschach–Gonobitz 66
Kapfenberg–Au-Seewiesen 66
Murtalbahn 70
Feistritztalbahn 75

Die Reihe U bei der Zillertalbahn 79

Salzkammergut-Lokalbahn 84

Lokalbahn Mori–Arco–Riva 89

Die Reihe U bei der Deutschen Reichsbahn (1938–1945) 92

Die Reihe U bei den Österreichischen Bundesbahnen (ab 1945) 96

Die Reihe U bei den übrigen ÖBB-Schmalspurbahnen 98
Steyrtalbahn 98
Ybbstalbahn 105
Bregenzerwaldbahn 108
Krimmlerbahn 111
Kühnsdorf–Eisenkappel 112
Gurktalbahn 113

Die Reihe U heute 114

Anhang 125
Abkürzungsverzeichnis 125
Quellen- und Literaturverzeichnis 126

Die Entstehung der Reihe U

Die Loks der Steyrtalbahn-Type

Das altösterreichische Netz von Schmalspurbahnen war durch die bis heute charakteristische Spurweite von 760 mm geprägt worden. Diese war beim Bau der ersten bosnischen Schmalspurbahnen erstmals zur Anwendung gekommen und geht auf das dabei verwendete Feldbahnmaterial zurück. Diese Spurweite wurde alsbald zum Standard bei der Errichtung weiterer Schmalspurbahnen, nachdem die k.u.k. Heeresverwaltung bei Neukonzessionen auf einer einheitlichen Spurweite bestanden

Das klassische Profil mit der langen Rauchkammer ist das Merkmal der Steyrtalbahn-Type. Die 298.104 wurde 1989 wieder betriebsfähig aufgearbeitet. Das Bild zeigt sie am 17. Mai 1989 in St. Pölten Alpenbahnhof. *Foto: Roland Beier*

Die Entstehung der Reihe U

Auch die Vorderansicht der Steyrtalbahn-Lok 298.104 ist markant und weicht von den späteren U ab. Hier ist sie am 17. Mai 1989 vor dem Lokschuppen Obergrafendorf zu sehen. *Foto: Roland Beier*

Die Entstehung der Reihe U

■ Die 298.106 ist die letztgebaute Lok für die Steyrtalbahn und weicht äußerlich von den ersten Maschinen ab. Am 5. August 1957 stand sie gerade mit einem Güterzug in Unterhaus. *Foto: Alfred Luft*

hatte, um im Kriegsfall das Rollmaterial freizügig verwenden zu können.

Ab 1888 entstand nach dem bosnischen Netz die erste in Österreich selbst gelegene Schmalspurbahn dieser Spurweite, die Steyrtalbahn. Die Lokomotivfabrik Krauss & Comp. mit ihren Werken in München und Linz verfügte zu diesem Zeitpunkt bereits über eine große Erfahrung im Bau von Schmalspurlokomotiven unterschiedlicher Spurweiten. Sie hatte auch bereits Lieferungen in 760 mm-Spur für Bosnien ausgeführt. Für die 1888 begonnene Steyrtalbahn wurde bei Krauss eine C1'-Tenderlokomotivtype entwickelt, die als Urahn der gesamten U-Familie anzusehen ist. Das Charakteristikum dieser Bauart ist neben der Achsfolge vor allem die Ausführung des Rahmens: Dieser verläuft im Bereich der Kuppelachsen als Innenrahmen, schwingt dann nach außen, um dem Stehkessel Platz zu machen und bildet im Bereich der Laufachse einen Außenrahmen. Dadurch konnte eine genügend große Feuerbüchse untergebracht werden, die einerseits auch bei schlechter Brennstoffqualität für hinreichende Dampferzeugung sorgte, andererseits konnte der Schwerpunkt niedrig gehalten werden.

Die bereits erwähnte hintere Laufachse wurde mit der letzten Kuppelachse zu einem so genannten Krauss-Helmholtz-Gestell zusammengefasst, indem die Achsen mit einer Deichsel verbunden wurden. Das seitliche Spiel betrug dabei jeweils 25 mm. Dadurch hatte die Lokomotive einen kurzen festen Radstand, der die Kurvengängigkeit verbesserte und Mindestradien von 50 m erlaubte. Außerdem erzeugte die gemeinsame Führung der beiden hinteren Achsen eine ausreichende Laufstabilität auf geraden Streckenabschnitten. Damit war eine Lösung für das Fahrgestell gefunden, die viele Jahre hindurch beim Bau österreichischer Schmalspurlokomotiven zur Anwendung kam und aufgrund ihrer Qualitäten die Verwendung kompli-

Die Entstehung der Reihe U

Diese Aufnahme vom 5. August 1957 entstand in Molln und erlaubt einen Vergleich zwischen der 298.106 (links) und der 298.104 (rechts). *Foto: Alfred Luft*

zierterer Konstruktionen wie Malletlokomotiven überflüssig machte.

Im Jahr 1888 baute Krauss also die ersten drei Maschinen für die Steyrtalbahn, denen 1889 und 1890 noch je eine weitere folgte. 1914 kam dann noch eine leicht modernisierte Variante hinzu.

Für die Lokomotiven Nr. 1–5 war die lange Rauchkammer typisch, von der man sich eine bessere Durchströmung und damit eine verbesserte Feueranfachung erwartete. Die Wasserkästen endeten schon vor der Rauchkammer und gaben den Loko-

motiven ihr charakteristisches Aussehen. Erst bei der Lok Nr.6 verwendete man dann eine kurze

Die 298.105 von der Seite des Lokführers gesehen. Das Bild entstand am 6. August 1954 in Garsten. *Foto: Alfred Luft*

Die Entstehung der Reihe U

Lokomotiven für die Steyrtalbahn

Hersteller	Fabrik-Nr.	Baujahr	Bahn	Betriebs-Nr.	Name
Krauss, Linz	1993	1888	Steyrtalbahn	Nr. 1	STEYR
Krauss, Linz	1994	1888	Steyrtalbahn	Nr. 2	SIERNING
Krauss, Linz	1995	1888	Steyrtalbahn	Nr. 3	GRÜNBURG
Krauss, Linz	2256	1890	Steyrtalbahn	Nr. 4	MOLLN
Krauss, Linz	2501	1891	Steyrtalbahn	Nr. 5	LETTEN
Krauss, Linz	6925	1914	Steyrtalbahn	Nr. 6	KLAUS

Lokomotiven der Reihe U für die Lokalbahn Mori–Arco–Riva

Hersteller	Fabrik-Nr.	Baujahr	Bahn	Betriebs-Nr.	Name
Krauss, Linz	2359	1890	Mori–Arco–Riva	Nr. 1	ARCO
Krauss, Linz	2360	1890	Mori–Arco–Riva	Nr. 2	RIVA
Krauss, Linz	2361	1890	Mori–Arco–Riva	Nr. 3	LAGO DI GARDA
Krauss, Linz	2769	1892	Mori–Arco–Riva	Nr. 4	PINZOLO

Lokomotiven der Reihe U für die Salzkammergut Lokalbahn

Hersteller	Fabrik-Nr.	Baujahr	Bahn	Betriebs-Nr.
Krauss, Linz	2340	1890	SKGLB	Nr. 3
Krauss, Linz	2341	1890	SKGLB	Nr. 4
Krauss, Linz	2342	1890	SKGLB	Nr. 5
Krauss, Linz	2511	1891	SKGLB	Nr. 6
Krauss, Linz	2751	1892	SKGLB	Nr. 7
Krauss, Linz	2752	1892	SKGLB	Nr. 8
Krauss, Linz	2821	1893	SKGLB	Nr. 9
Krauss, Linz	2822	1893	SKGLB	Nr. 10
Krauss, Linz	3034	1894	SKGLB	Nr. 11
Krauss, Linz	5513	1906	SKGLB	Nr. 12

Weitere ähnliche Maschinen wurden für die Salzkammergut Lokalbahn (SKGLB) gebaut. Die Lokomotiven Nr. 3–5 hatten dabei die gleiche lange Rauchkammer wie die Steyrtalbahnloks Nr. 1–5, die SKGLB-Maschinen Nr. 6–12 hatten hingegen eine kurze Rauchkammer.

Damit sind gleichsam die Vorläufer der Reihe U abgeschlossen. Als Nächstes wurden die Lokomotiven für die steirische Murtalbahn gebaut, die in der Folge von den kaiserlich-königlichen österreichischen Staatsbahnen (kkStB) als Reihe U bezeichnet wurden.

Rauchkammer, verlängerte aber die Wasserkästen, so dass die Maschine seitlich der Reihe U ähnlicher sah.

Die Achsstände betrugen zwischen erster und zweiter Kuppelachse 1.200 mm, zwischen zweiter und dritter Kuppelachse 900 mm sowie zwischen der dritten Kuppelachse und der hinteren Laufachse 1.900 mm. Der Treibraddurchmesser wurde mit 800 mm gewählt. Diese Maße blieben dann für die gesamte U-Familie nahezu unverändert. Als Antrieb kam ein Zweizylinder-Nassdampf-Triebwerk zur Anwendung, als Steuerung wurde die Bauart Heusinger gewählt. Die Höchstgeschwindigkeit betrug 40 km/h, das Dienstgewicht lag bei 22 Tonnen.

Von der ursprünglichen Steyrtalbahn-Type baute Krauss alsbald weitere Exemplare für andere altösterreichische Schmalspurbahnen. Zu erwähnen ist dabei zunächst die Lokalbahn Mori–Arco–Riva, die 1918 an Italien fiel. Für diese Strecke lieferte das Linzer Krauss-Werk insgesamt vier Lokomotiven dieser Bauart.

Die Geburt der Reihe U auf der Murtalbahn

Am 9. Oktober 1894 nahmen die Steiermärkischen Landesbahnen (StLB) die Murtalbahn von Unzmarkt nach Mauterndorf in Betrieb. Für diese Strecke hatten die StLB bei Krauss in Linz vier Tenderlokomotiven gekauft. Krauss griff dabei auf die mittlerweile bewährte Konstruktion der Steyrtalbahn-Maschinen zurück. Die Triebwerksabmessungen wurden unverändert übernommen, ebenso der Gesamtaufbau. Allerdings wurden beim Kessel die Rost- und die Heizfläche vergrößert. Statt 0,8 m^2 Rostfläche standen nunmehr 1 m^2 zur Verfügung. Die Strahlungsheizfläche stieg dadurch von 3,46 m^2 auf 4,42 m^2. Dadurch vergrößerte sich auch die Verdampfungsheizfläche von 43,11 m^2 auf 46,67 m^2. Weiterhin wählte man als Schornstein die Kobelform. Das Gesamtgewicht der U belief sich auf 24 Tonnen gegenüber 22 Tonnen der Steyr-

Die Entstehung der Reihe U

talbahntype. Damit stieg auch die Achslast von 6 auf 6,5 Tonnen.

Die Höchstgeschwindigkeit wurde mit 35 km/h festgelegt. Die Leistung von etwa 200 PS erlaubte es, in der Ebene eine Last von 515 Tonnen zu ziehen; eine Steigung von 20 Promille konnte bei 20 km/h immerhin noch mit 90 Tonnen Anhängelast bewältigt werden. Im Gegensatz zur Steyrtalbahnlok wurde bei der Reihe U nicht nur die erste sondern auch

■ Das Fabrikschild der NÖLB U.1 (ÖBB 298.51) zeigt die typische Form des Herstellers Krauss & Cie., in dessen Werk in Linz zahlreiche U gefertigt wurden. *Foto: Roland Beier*

■ Die U.11 gehört zu den Loks, die für die Murtalbahn gebaut wurden und hat bis heute dort betriebsfähig überlebt. Am 19. Juli 2000 wurde sie gerade in Tamsweg gewendet. *Foto: Roland Beier*

Die U.9 gehörte zur ersten Lieferserie der Murtalbahn. Am 19. Februar 1963 war sie noch aktiv und wurde in Mauterndorf fotografiert. Foto: Alfred Luft

Lokomotiven der Reihe U für die Murtalbahn

Hersteller	Fabrik-Nr.	Baujahr	Betriebs-Nr.	Name
Krauss, Linz	3062	1894	StLB 8	TEUFENBACH
Krauss, Linz	3063	1894	StLB 9	MURAU
Krauss, Linz	3064	1894	StLB 10	TAMSWEG
Krauss, Linz	3065	1894	StLB 11	MAUTERNDORF

die zweite Treibachse im Rahmen fest gelagert. Die dritte Treibachse bildete mit der hinteren Laufachse jedoch wieder das bewährte Krauss-Helmholtz-Gestell.

Die Bremsausrüstung bestand anfangs nur aus einer Heberlein-Seilzugbremse. Später wurde diese durch eine einfach wirkende Vakuumbremse ersetzt. Die Kobelrauchfänge wurden später zum Teil durch gerade Schlote ersetzt. An Vorräten konnten ursprünglich 3,2 m³ Wasser und 1,4 Tonnen Kohle mitgeführt werden. Der Kohlenvorrat wurde später durch Aufsätze vergrößert. Der Murtalbahn standen bei ihrer Eröffnung wie bereits erwähnt vier Lokomotiven zur Verfügung.

Die Betriebsführung auf der Murtalbahn oblag den kaiserlich-königlichen österreichischen Staatsbahnen, die allerdings die Maschinen anfänglich nicht in ihr Nummerierungsschema aufnahm. Die vier Schmalspurloks waren in das Schema der StLB eingereiht. Die Betriebs-Nummern 1 bis 7 hatten die StLB für verschiedene Tenderlokomotiven der Bauarten B und C vergeben.

Die Reihe U bei den kaiserlich-königlichen österreichischen Staatsbahnen

Die Loks der Murtalbahn bewährten sich außerordentlich gut, so dass die kkStB beschlossen, diese Bauart auch für andere von ihr betriebene Schmalspurbahnen zu beschaffen. Die kkStB wählten als Reihenbezeichnung »U« – die Abkürzung des Anfangsbahnhofs Unzmarkt. So wurden 1897 zunächst von Krauss drei Maschinen für die Lokalbahn Neuhaus–Neubistritz im südlichen Böhmen geliefert.

Kurz darauf beschafften die kkStB gleich noch einmal drei derartige Lokomotiven für die Ybbstalbahn.

Die Entstehung der Reihe U

Lokomotiven der Reihe U für die Lokalbahn Neuhaus–Neubistritz

Hersteller	Fabrik-Nr.	Baujahr	Bahnverwaltung	Betriebs-Nr.
Krauss, Linz	3638	1897	kkStB	U.1
Krauss, Linz	3639	1897	kkStB	U.2
Krauss, Linz	3640	1897	kkStB	U.3

Dort standen ursprünglich drei Maschinen der Reihe Yv im Einsatz, die 1896 zur Eröffnung des Abschnitts Waidhofen a.d. Ybbs–Groß Hollenstein mit der Achsfolge C2' geliefert worden waren. Die Reihe Yv hatte der bekannte österreichischen Konstrukteur Carl Gölsdorf entwickelt. Die Maschinen unterschieden sich von der Reihe U vor allem durch das hintere Schleppdrehgestell. Der gekröpfte Rahmen hingegen wurde beibehalten. Allerdings bewährte sich der fest gelagerte Drehzapfen nicht, da die-

■ Neben Krauss lieferte auch die Lokomotivfabrik Wiener Neustadt einige U an die kkStB. Das Schild stammt von der U.40, die sich heute bei der Murtalbahn befindet. *Foto: Roland Beier*

■ Das Werkfoto der U.25 zeigt die Maschine in ihrer Ursprungsausführung. Auch diese Lok stammt von der Lokomotivfabrik Wiener Neustadt. *Foto: Slg. Töpelmann, Archiv transpress*

Die Entstehung der Reihe U

Lokomotiven der Reihe U für die Ybbstalbahn

Hersteller	Fabrik-Nr.	Baujahr	Bahnverwaltung	Betriebs-Nr.
Krauss, Linz	3803	1898	kkStB	U.4
Krauss, Linz	3804	1898	kkStB	U.5
Krauss, Linz	3805	1898	kkStB	U.6

Umzeichnung der Reihe U der Murtalbahn

Hersteller	Fabrik-Nr.	Baujahr	Bahnverwaltung	Betriebs-Nr.	Bemerkungen
Krauss, Linz	4138	1899	kkStB	U.7	TURRACH
Krauss, Linz	3062	1894	kkStB	U.8	ex StLB 8 TEUFENBACH
Krauss, Linz	3063	1894	kkStB	U.9	ex StLB 9 MURAU
Krauss, Linz	3064	1894	kkStB	U.10	ex StLB 10 TAMSWEG
Krauss, Linz	3065	1894	kkStB	U.11	ex StLB 11 MAUTERNDORF

Lokomotiven der Reihe U für die Strecken Bärn–Hof und Röwersdorf–Hotzenplotz

Hersteller	Fabrik-Nr.	Baujahr	Bahnverwaltung	Betriebs-Nr.
Krauss, Linz	3814	1898	kkStB	U.12
Krauss, Linz	3815	1898	kkStB	U.13
Krauss, Linz	3816	1898	kkStB	U.14
Krauss, Linz	3817	1898	kkStB	U.15
Krauss, Linz	3818	1898	kkStB	U.16

Lokomotiven der Reihe U für die Lokalbahn Lupków–Cisna

Hersteller	Fabrik-Nr.	Baujahr	Bahnverwaltung	Betriebs-Nr.
Krauss, Linz	3653	1897	kkStB	U.17
Krauss, Linz	3654	1897	kkStB	U.18
Krauss, Linz	4063	1897	kkStB	U.19

Lokomotiven der Reihe U für die Schmalspurbahn Triest–Parenzo

Hersteller	Fabrik-Nr.	Baujahr	Bahnverwaltung	Betriebs-Nr.
Krauss, Linz	4402	1901	kkStB	U.20
Krauss, Linz	4675	1901	kkStB	U.21
Krauss, Linz	4676	1902	kkStB	U.22
Krauss, Linz	4677	1902	kkStB	U.23

Lokomotiven der Reihe U für die Bregenzerwaldbahn

Hersteller	Fabrik-Nr.	Baujahr	Bahnverwaltung	Betriebs-Nr.
Krauss, Linz	4678	1902	kkStB	U.24
StEG	2998	1902	kkStB	U.25
StEG	3010	1902	kkStB	U.26
StEG	3062	1903	kkStB	U.27

Lokomotiven der Reihe U für die Schmalspurbahn Spalato–Sinj

Hersteller	Fabrik-Nr.	Baujahr	Bahnverwaltung	Betriebs-Nr.
StEG	3063	1903	kkStB	U.28
StEG	3064	1903	kkStB	U.29
Krauss, Linz	4973	1903	kkStB	U.30

Reserve-Lokomotiven der Reihe U (Baujahr 1903) der kkStB

Hersteller	Fabrik-Nr.	Baujahr	Bahnverwaltung	Betriebs-Nr.
Krauss, Linz	4972	1903	kkStB	U.31
Krauss, Linz	5048	1903	kkStB	U.32

se Konstruktion zu Entgleisungen neigte. Daher wurden die Loks der Reihe Yv in der Folge umgebaut. Zwar waren sie mit ihrem Verbundtriebwerk moderner als die Maschinen der Reihe U, doch unterblieb ihr Weiterbau. Die kkStB gaben der billigeren und einfacheren U den Vorzug. Nach Vollendung der Hauptstrecke der Ybbstalbahn zwischen Waidhofen a.d. Ybbs, Kienberg und Gaming im Jahr 1898 wurden daher drei Maschinen der Reihe U für diese Bahnlinie beschafft.

Im Jahr 1899 führte dann das steigende Verkehrsaufkommen auf der Murtalbahn dazu, dass eine weitere Lok für diese Bahn beschafft werden musste. Es war natürlich wieder eine U. Gleichzeitig wurden auch die bisher im StLB-Schema nummerierten vier ursprünglichen Maschinen der Murtalbahn in das Bezeichnungssystem der kkStB aufgenommen.

Obwohl die Lokomotiven nunmehr in das Schema der kkStB aufgenommen worden waren, blieb die Aufschrift »StLB« an den Fahrzeugen. Eigentümer war seit 1896 die AG Murtalbahn, dies galt auch für die neu beschaffte U.7.

In der Folge wurden von den kkStB zwei weitere Schmalspurbahnen im Gebiet von Böhmen und Mähren gebaut, für die gleichfalls wieder Maschinen der Reihe U beschafft wurden. Es handelte sich dabei um die Bahnlinien Bärn–Hof (zwei Loks) und Röwersdorf–Hotzenplotz (drei Loks). Auch diese Lokomotiven lieferte wieder Krauss in Linz.

Etwa zur gleichen Zeit entstand auch die Lokalbahn Lupków–Cisna, die heute in Polen gelegen ist. Auch für diese Strecke wurden als Erstausstattung drei Schmalspurloks der Reihe U beschafft.

Aber auch nach der Jahrhundertwende entstanden weitere neue Schmalspurbahnen. Zunächst war die im heutigen Grenzgebiet zwischen Italien, Slowenien und Kroatien gelegene Schmalspurbahn Triest–Parenzo an der Reihe. Auch für diese Bahnlinie beschafften die kkStB die bewährte Reihe U.

Als Nächstes war dann wieder ein Bahnbau im heutigen Österreich an der Reihe. Im Jahr 1902 erfolgte die Eröffnung der Bregenzerwaldbahn. Für dieses Projekt hatten die kkStB vier weitere Loks der Reihe U in Auftrag gegeben. Dabei wurde aber erstmals vom bisherigen Lieferanten Krauss abgegangen. Drei der vier Maschinen fertigte die Maschinenfabrik der Staatseisenbahngesellschaft (StEG) nach den vorhandenen Zeichnungen.

Der nächste Bau einer Schmalspurbahn erfolgte im heute in Kroatien gelegenen Dalmatien. Hier wurde eine Schmalspurbahn von Spalato nach Sinj gebaut, zu deren Erstausstattung drei Loks der Reihe U gehörten. Zwei von ihnen lieferte wiederum die StEG.

Die nunmehr bereits 30 Stück umfassende Serie bewog die kkStB zur Anschaffung zweier weiterer Maschinen, die gleichsam als »Springer« dienten und jeweils dort zum Einsatz kamen, wo eine andere Lokomotive wegen Reparaturen kurzfristig ersetzt werden musste.

Im Jahr 1906 wurde die Lokalbahn Neuhaus–Neubistritz um einen zusätzlichen Ast von Neuhaus nach Wobratein ergänzt. Aus diesem Anlass beschafften die Staatsbahnen zwei weitere Exemplare der Reihe U. Diese Loks baute diesmal die Böhmisch-Mährischen Maschinenfabrik (BMF), nachdem die Maschinen auf Rechnung der böhmischen Streckeneigentümer erworben wurden.

Es folgte 1907 eine weitere Lokomotive auf Rechnung der kkStB »zur besonderen Verwendung«, bei der man wieder auf die Dienste des Stammlieferanten zurückgriff. Außerdem machte das steigende Verkehrsaufkommen auf der Bregenzerwaldbahn den Kauf einer zusätzlichen Maschine erforderlich.

Schließlich kam es zur Lieferung von vier weiteren Schmalspurlokomotiven für die Strecke Triest–Parenzo. Dabei erhielt wieder ein neuer Lieferant den Zuschlag – in diesem Fall die die Maschinenfabrik Wiener Neustadt.

Im selben Jahr wurde auch für die Strecke Neuhaus–Wobratein eine zusätzliche Maschine angeschafft, die wiederum die BMF herstellte.

Den Abschluss der Lieferung der Reihe U an die kkStB bildeten zwei Maschinen für die Murtalbahn. Die stammten wiederum von Krauss in Linz.

Lokomotiven der Reihe U für die Strecke Neuhaus–Wobratein der Lokalbahn Neuhaus–Neubistritz

Hersteller	Fabrik-Nr.	Baujahr	Bahnverwaltung	Betriebs-Nr.
BMF	174	1906	kkStB	U.33
BMF	175	1906	kkStB	U.34

Reserve-Lokomotiven der Reihe U (Baujahr 1907) der kkStB

Hersteller	Fabrik-Nr.	Baujahr	Bahnverwaltung	Betriebs-Nr.
Krauss, Linz	5694	1907	kkStB	U.35
Krauss, Linz	5799	1907	kkStB	U.36

Lokomotiven der Reihe U für die Schmalspurbahn Triest–Parenzo (Baujahr 1908)

Hersteller	Fabrik-Nr.	Baujahr	Bahnverwaltung	Betriebs-Nr.
Wiener Neustadt	4867	1908	kkStB	U.37
Wiener Neustadt	4868	1908	kkStB	U.38
Wiener Neustadt	4869	1908	kkStB	U.39
Wiener Neustadt	4870	1908	kkStB	U.40

Die Entstehung der Reihe U

Somit standen den kkStB zu Beginn des Ersten Weltkriegs insgesamt 43 Maschinen der Reihe U zur Verfügung. Der Krieg führte dazu, dass weitere Beschaffungen unterblieben. Auch nach dem Ersten Weltkrieg wurden von der Nachfolgeverwaltung, den Österreichischen Bundesbahnen (BBÖ), keine weiteren Loks der Reihe U mehr angeschafft. Allerdings gab es noch Lieferungen an andere Bahnverwaltungen, so dass das Kapitel der U-Beschaffungen noch nicht mit dem Ersten Weltkrieg endete.

Lokomotiven der Reihe U für die Strecke Neuhaus–Wobratein der Lokalbahn Neuhaus–Neubistritz

Hersteller	Fabrik-Nr.	Baujahr	Bahnverwaltung	Betriebs-Nr.
BMF	285	1908	kkStB	U.41

Lokomotiven der Reihe U für die Murtalbahn

Hersteller	Fabrik-Nr.	Baujahr	Bahnverwaltung	Betriebs-Nr.
Krauss, Linz	5740	1909	kkStB	U.42
Krauss, Linz	6814	1913	kkStB	U.43

Die Verbundlokomotiven der Reihe Uv

Die Niederösterreichischen Landesbahnen (NÖLB) beschafften 1903 eine stärkere Variante der Reihe U in Verbundausführung. Bei dieser Baureihe wurde die Verdampfungsheizfläche auf 56,3 m² vergrößert. Das Dienstgewicht stieg auf 27,8 Tonnen und die Achslast auf 8 Tonnen. Im Gegensatz zur Reihe U erfolgte der Antrieb der Heusinger-Steuerung von der dritten Kuppelachse aus – bei der U war es die zweite Kuppelachse. Die übrigen Baumerkmale blieben weitgehend unverändert. Allerdings wurde der Kesseldruck von 12 auf 13 kg/cm² angehoben. Der Hochdruckzylinder hatte einen Durchmesser von 340 mm, der Niederdruckzylinder einen von 500 mm. Die ersten beiden Maschinen waren für die Strecke Gmünd–Groß Gerungs bestimmt. 1905 wurde dann noch eine dritte Maschine für die Pielachtalbahn nachgeliefert.

Nachdem die Gölsdorf'sche Reihe Yv aufgrund der bereits geschilderten Laufwerksprobleme keinen großen Erfolg hatte, obwohl sie bereits als leistungsstärkere Verbundlokomotive ausgeführt worden war, entschlossen sich die kkStB 1904 zur Be-

■ Die Uv.4 gehört zu den vier Verbundloks, die die kkStB nach dem Vorbild der NÖLB-Maschinen beschafften.
Foto: Slg. Töpelmann, Archiv transpress

■ Die 298.206 wurde als NÖLB Uv.2 geliefert. Am 24. August 1957 war sie in Kienberg-Gaming auf der Ybbstalbahn. *Foto: Alfred Luft*

■ Bis heute hat die ehemalige NÖLB Uv.7 überlebt. Am 12. August 1989 stand sie als ÖBB 298.207 in Obergrafendorf.
Foto: Roland Beier

Die Entstehung der Reihe U

Diese Werkaufnahme zeigt das Einzelstück NÖLB 23, die spätere Uh.1, 398.01 und heutige Bh.1.
Foto: Slg. Töpelmann, Archiv transpress

Verbundlokomotiven der Reihe Uv der Niederösterreichischen Landesbahnen

Hersteller	Fabrik-Nr.	Baujahr	Bahnverwaltung	Betriebs-Nr.	Bemerkungen
Krauss, Linz	4785	1902	NÖLB	20	1909 Umzeichnung in Uv.1
Krauss, Linz	4786	1902	NÖLB	21	1909 Umzeichnung in Uv.2
Krauss, Linz	5329	1905	NÖLB	22	1909 Umzeichnung in Uv.3

Verbundlokomotiven der Reihe Uv der kaiserlich-königlichen österreichischen Staatsbahnen

Hersteller	Fabrik-Nr.	Baujahr	Bahnverwaltung	Betriebs-Nr.
Krauss, Linz	5169	1904	kkStB	Uv.1
Krauss, Linz	5170	1904	kkStB	Uv.2
Krauss, Linz	5171	1904	kkStB	Uv.3
Krauss, Linz	6267	1910	kkStB	Uv.4

schaffung von drei Verbundloks der Reihe Uv für die Lokalbahn Przeworsk–Dynów. Diese heute in Polen gelegene Strecke wurde somit von Anfang an mit Verbundlokomotiven betrieben. 1910 wurde dann noch eine weitere Lok dieser Bauart für Przeworsk–Dynów gebaut.

Obschon sich diese stärkere Ausführung der Reihe U durchaus bewährte, gab es von Seiten der kkStB keine weiteren Bestellungen. Neben den NÖLB beschaffte auch die Zillertalbahn eine derartige Lok, nach dem Ersten Weltkrieg lieferte Krauss dann noch zwei solche Verbundloks nach Polen an die PKP.

Die Heißdampflokomotive der Reihe Uh (später Bh)

Nachdem die NÖLB schon bei der Entwicklung der Verbundausführung der Reihe U eine Vorreiterrolle übernommen hatten, taten sie dies noch einmal bei

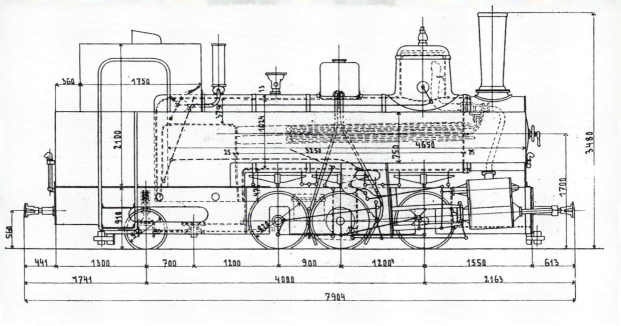

■ **Typenskizze der Uh der NÖLB.** *Abbildung: Slg. Beier*

■ **1923 befand sich die NÖLB Uh.1 vorübergehend auf der Salzkammergut-Lokalbahn. Die Aufnahme vom 12. September 1923 zeigt sie bei St. Lorenz.** *Foto: Angerer, Archiv Luft*

Heißdampflokomotiven der Reihe Uh

Hersteller	Fabrik-Nr.	Baujahr	Bahnverwaltung	Betriebs-Nr.	Bemerkungen
Krauss, Linz	5330	1905	NÖLB	23	1909 Umzeichnung in Uh.1

Die Entstehung der Reihe U

Zuletzt fand die Bh.1 auf der Strecke Kapfenberg–Au-Seewiesen Verwendung. Nach Ablauf der Kesselfrist wurde sie nach Murau überstellt. Das Bild entstand am 1. August 1995 in Kapfenberg Landesbahn. *Foto: Roland Beier*

der Entwicklung der Heißdampfausführung. Diese Lokomotive gelangte 1905 zur Ausführung und stellt insofern einen technikgeschichtlichen Meilenstein dar, als es sich bei ihr um die erste Lokomotive in Heißdampfausführung in der österreich-ungarischen Monarchie handelte.

Dabei wurde die Konstruktion der Reihe U um einen Großrohrüberhitzer nach dem Patent Wilhelm Schmidt ergänzt. Weiterhin wurde die Verdampfungsheizfläche geringfügig auf 45,4 m² reduziert und um die Überhitzerheizfläche von 14,4 m² ergänzt. Gleichzeitig vergrößerte man auch den Zylinderdurchmesser auf 340 mm und ersetzte die Flachschieber durch Kolbenschieber. Durch diese Maßnahmen stieg das Lokgewicht auf 27,8 Tonnen, was dem der Reihe Uv entsprach. Die Leistung der Uh betrug etwa 300 PS, was um 50% über dem Wert für die Reihe U und um 15% über dem für die Reihe Uv lag. Die Lokomotive war für die Pielachtalbahn bestimmt und wurde 1906 auf der Mailänder Ausstellung gezeigt. Sie rief dort großes Interesse in der Fachwelt hervor. Obwohl sich die Heißdampfausführung der Reihe U gut bewährte kam es zu keinerlei Nachbauten. 1928 ist die Lok dann von den BBÖ in Reihe Bh umgezeichnet worden.

Allerdings muss erwähnt werden, dass die StLB nach dem Zweiten Weltkrieg einige ihrer alten Nassdampfloks der Reihe U durch den Einbau von Überhitzern in Heißdampfloks umgebaut haben. Jedoch blieben dabei die Zylinderabmessungen gegenüber der Ursprungsausführung unverändert, so dass die Uh.1 (später Bh.1) ein Einzelstück blieb.

Die Heißdampflokomotiven der BBÖ-Reihe Uh

Nach dem Ende des Ersten Weltkriegs war eine größere Zahl von Lokomotiven der Reihe U außerhalb Österreichs verblieben. Die Österreichischen Bundesbahnen (BBÖ) waren daher gezwungen, neue Lokomotiven für die von ihr betriebenen Schmalspurbahnen zu beschaffen. Dabei griff man auf die bewährte Konstruktion der Reihe U zurück, der man jedoch einige Änderungen zu Teil werden ließ. So wurden zwar das Fahrwerk und der Rahmen übernommen, der Kessel wurde jedoch höher gelegt, wodurch Platz für einen vergrößerten Aschkasten geschaffen wurde. Man wählte weiterhin einen Zylinderdurchmesser von 350 mm und anstatt der Heusinger-Steuerung gelangte eine Ventilsteuerung nach Caprotti zur Ausführung. Der Dampfdruck wurde auf 13 kg/cm^2 festgelegt. Die Verdampfungsheizfläche war mit 44,3 m^2 etwas geringer als bei der Uh der NÖLB. Die Höchstge-

Heißdampflokomotiven der Reihe Uh mit Caprotti-Steuerung

Hersteller	Fabrik-Nr.	Baujahr	Bahnverwaltung	Betriebs-Nr.
Krauss, Linz	1478	1928	BBÖ	Uh.01
Krauss, Linz	1479	1928	BBÖ	Uh.02
Krauss, Linz	1511	1929	BBÖ	Uh.03
Krauss, Linz	1512	1929	BBÖ	Uh.04
Krauss, Linz	1513	1929	BBÖ	Uh.05
Krauss, Linz	1520	1930	BBÖ	Uh.06

Die Uh.03 wurde zehn Jahre nach ihrer Lieferung von der Deutschen Reichsbahn in 99 823 umnummeriert. Die Aufnahme muss kurz nach der Umzeichnung entstanden sein, da die Lok an der Rauchkammer auch noch das Nummernschild der BBÖ trägt.
Foto: Maey, Slg. Töpelmann, Archiv transpress

Die Entstehung der Reihe U

■ Gründlicher ging man bei der Umnummerierung der Uh.05 in 99 825 vor. Bei ihr wurde auch der Reichsadler aufschabloniert.
Foto: Bellingrodt, Slg. Töpelmann, Archiv transpress

Heißdampflokomotiven der Reihe Uh mit Lentz-Ventilsteuerung

Hersteller	Fabrik-Nr.	Baujahr	Bahnverwaltung	Betriebs-Nr.
Floridsdorf	3037	1931	BBÖ	Uh.101
Floridsdorf	3038	1931	BBÖ	Uh.102

Technische Daten der Reihe U

		Reihe U (ÖBB 298)	Steyrtalbahn (ÖBB 298.100)	Reihe Uv (ÖBB 298.2)	Reihe NÖLB Uh.1 (BBÖ Bh.1, ÖBB 398)	Reihe BBÖ Uh (ÖBB 498)
Bauart		C1'n2t	C1'n2t	C1'n2vt	C1'h2t	C1'h2t
Treibraddurchmesser	mm	820	820	820	820	820
Laufraddurchmesser	mm	570	570	570	570	570
Zylinderdurchmesser	mm	290	290	320/500	340	350
Kolbenhub	mm	400	400	400	400	400
Verdampfungsheizfläche	m²	46,67	43,11	56,29	45,40	44,33
Rostfläche	m²	1,00	0,80	1,03	1,03	1,06
Länge über Puffer	mm	7.182	7.680	7.804	7.804	8.020
zulässige Höchstgeschwindigkeit	km/h	35	40	35	35	40
Dienstmasse	t	24,30	22,00	27,50	27,60	28,10
Wasser	m³	3,2	2,6	3,2	3,0	3,0
Kohle	t	1,40	0,90	1,32	1,36	1,32

Die Entstehung der Reihe U

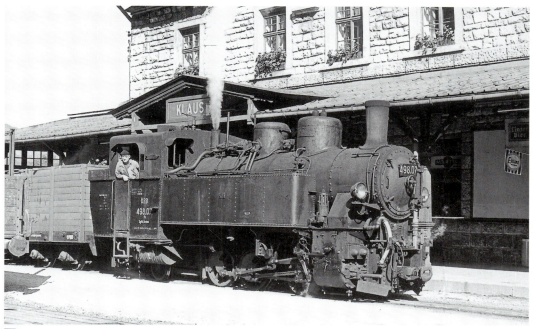

Die 498.07 (ehemalige Uh.101) unterscheidet sich von den Uh.01–06 durch die Lentz-Ventilsteuerung. Das Bild vom 15. September 1966 zeigt die Maschine in Klaus an der Pyhrnbahn. *Foto: Alfred Luft*

schwindigkeit hob man auf 40 km/h an. Auf einer 20-Promille-Rampe konnten 120 Tonnen Last mit 20 km/h befördert werden. Zwischen 1928 und 1930 wurden zunächst sechs Maschinen dieser Bauart beschafft.

Im Jahr 1931 wurden dann noch zwei weitere Lokomotiven dieser Bauart gebaut, die jedoch eine Lentz-Ventilsteuerung erhielten. Grund dafür waren Probleme mit der Caprotti-Steuerung gewesen. Diese beiden Maschinen wurden in Floridsdorf hergestellt.

Damit war die letzte Entwicklungsstufe der U-Familie erreicht, deren Urahn 43 Jahre zuvor gebaut worden war.

Die Lokomotiven der Niederösterreichischen Landesbahn

Der Förderung des Baus von Lokalbahnen durch die Schaffung eines eigenen Lokalbahnamts im österreichischen Handelsministerium im Jahr 1894 folgte das Land Niederösterreich bereits 1895 mit einer eigenen landesgesetzlichen Regelung. Sie war die Grundlage für die Schaffung des niederösterreichischen Landeseisenbahnamts. Dieses Amt wurde per 1. Januar 1908 in die Direktion der Niederösterreichischen Landesbahnen (NÖLB) übergeführt. Gemeinhin wird jedoch auch die Zeit vor 1908 mit der Abkürzung NÖLB belegt.

■ Am 13. August 1989 war die 298.207 leihweise in Obergrafendorf und befuhr den Seitenast der Mariazellerbahn nach Gresten. Die Aufnahme zeigt sie als Vorspann zur Mh.6 bei Lehenleiten. *Foto: Roland Beier*

Die Mariazellerbahn

Erstes Projekt der Niederösterreicher war die Strecke St. Pölten–Kirchberg a.d. Pielach, die am 4. Juli 1898 eröffnet wurde. Bereits am 24. Juli 1898 folgte der Abschnitt Obergrafendorf–Mank. Die offizielle Bezeichnung dieser Bahn lautete bis 1908 »Lokalbahn St.Pölten–Kirchberg a.d. Pielach–Mank«. Danach firmierte sie als »Niederösterreichisch-steirische Alpenbahn«. Bereits am 6. August 1905 wurde der Abschnitt Mank–Ruprechtshofen eröffnet und am selben Tag folgte auch die Strecke von Kirchberg nach Laubenbachmühle. Der daran anschließende Abschnitt bis Mariazell war technisch äußerst schwierig und wurde am 2. Mai 1907 eröffnet, nachdem man den Güterverkehr bereits ein Jahr zuvor aufgenommen hatte. Schließlich wurde die so genannte Mariazellerbahn am 15. Juli 1907 mit der Betriebsaufnahme zwischen Mariazell und Gusswerk fertig gestellt.

Für den Betrieb dieser Strecke griff man seitens des Betreibers NÖLB auf Bewährtes zurück und beschaffte vier Lokomotiven der Reihe U. Diese erhielten die zunächst die Nummern 5–8. Später wurden sie dann als NÖLB U.1 bis U.4 bezeichnet.

Mit diesen vier Maschinen wurde zunächst sechs Jahre lang der Gesamtverkehr auf der Pielachtalbahn einschließlich der Seitenstrecke nach Mank abgewickelt. Ursprünglich hatte man sogar nur drei Lokomotiven gekauft, doch schon

Die NÖLB U.1 hatte am 24. Mai 1987 die Ehre, einen Sonderzug auf der Mariazellerbahn zu befördern. Sie diente dabei als Vorspannlok für die 399.06. Das Bild entstand auf der Kuhgrabenbrücke. *Foto: Roland Beier*

Lokomotiven der Reihe U der Mariazellerbahn

Hersteller	Fabrik-Nr.	Baujahr	Bahn	Betriebs-Nr.	Bemerkungen
Krauss, Linz	3709	1898	NÖLB	5	1909 Umzeichnung in U.1
Krauss, Linz	3710	1898	NÖLB	6	1909 Umzeichnung in U.2
Krauss, Linz	3711	1898	NÖLB	7	1909 Umzeichnung in U.3
Krauss, Linz	3870	1898	NÖLB	8	1909 Umzeichnung in U.4

kurz nach der Eröffnung erkannte die Bahnverwaltung die Notwendigkeit einer vierten Lok und beschaffte diese umgehend nach. Erst 1904 entspannte sich die Situation etwas durch die Ankunft von drei Dampftriebwagen und einer Rangierlok.

Die Verlängerung der Strecke bis Ruprechtshofen erforderte eine zusätzliche Erweiterung des Fuhrparks und so kam 1905 mit der Lok 22 (ab 1909 NÖLB Uv.3) auch eine Maschine der Type Uv auf die Pielachtalbahn. Gleichzeitig wurde auch die bereits erwähnte Heißdampflokomotive Nr. 23 (ab 1909 NÖLB Uh.1) gekauft. Außerdem wurde im selben Jahr die Lok 20 (ab 1909 NÖLB Uv.1) von der Waldviertelbahn in Gmünd nach St. Pölten umstationiert.

Für die Gebirgsstrecke nach Mariazell wurden dann einige D2-Stütztenderlokomotiven (Reihen Mh und Mv) angeschafft. Die Verwendung der verschiedenen U-Typen beschränkte sich fortan überwiegend auf Vorspannleistungen sowie auf Einsätze auf der Strecke nach Ruprechtshofen. Die 1911 vollendete Elektrifizierung der Strecke St. Pölten–Mariazell bereitete dem Dampfbetrieb ein Ende. Fortan wurden diese Maschinen planmäßig nur noch auf der Strecke nach Ruprechtshofen verwendet. Bereits 1912 gaben die NÖLB die Uv.3 leihweise an die Bregenzerwaldbahn ab. Zwei Jahre später, 1914, ging die U.3 nach Gmünd, 1915 gab man die U.1 leihweise an die Vellachtalbahn in Kärnten ab und 1918 verließ die U.2 St. Pölten in Richtung Ybbstalbahn. Nachdem 1919 noch die U.4 nach Gmünd abgegeben worden war, verblieb mit der Uv.3 fortan nur eine einzige C1'-Tenderlok in St. Pölten.

Im Jahr 1922 erfolgte die Übernahme der NÖLB durch die BBÖ. Noch im selben Jahr kehrte die NÖLB U.4, die nunmehr BBÖ U.54 hieß, nach St. Pölten zurück, verließ diese Dienststelle aber schon ein Jahr später in Richtung Gmünd. 1963 kehrte diese Lok dann als 298.54 wieder nach St. Pölten zurück, wo sie bis zu ihrer Ausmusterung 1972 verblieb.

Am 15. April 1927 wurde die Lokalbahn Ruprechtshofen–Gresten eröffnet. Den Betrieb auf der Strecke führten von Beginn an die BBÖ. Bereits im November desselben Jahres wurde die BBÖ U.55 (ex NÖLB U.5) nach St. Pölten umstationiert um genügend Loks für die neue Strecke zur Verfügung zu haben. Aber bereits 1928 wurde sie an die Ybbstalbahn abgegeben. 1931 übersiedelte dann die U.6 von der Ybbstalbahn nach St. Pölten, wo sie bis 1938 verblieb. Dieselbe Maschine war dann 1950 wieder kurz in St. Pölten, ehe sie 1960 als 298.06 endgültig hier beheimatet wurde. Sie blieb dann bis zur Ihrer Ausmusterung im Jahr 1972 auf der Strecke Obergrafendorf–Ruprechtshofen–Gresten im Einsatz.

Weitere Maschinen der Reihe U, die nach 1945 nach St. Pölten kamen, waren die 298.05 (ab 1968), die 298.14 (ab 1968), die 298.24 (1965), die 298.55 (ex NÖLB U.5, ab 1963), die 298.205 (ex NÖLB Uv.1, ab 1963) und die 298.206 (ex NÖLB Uv.2, ab 1963).

Auch die Uh.1 kehrte 1928 als Bh.1 wieder nach St. Pölten zurück, wo sie zunächst bis 1930 verblieb. Von 1963 bis 1964 war sie – nunmehr als 398.01 bezeichnet – wieder in St. Pölten, ehe sie 1966 endgültig zurückkehrte und dort bis zu ihrer Ausmusterung durch die ÖBB im Jahr 1973 in verblieb.

In jüngster Zeit gab es einige Gastspiele von museal erhaltenen Loks der U-Familie auf der Mariazellerbahn. Dazu gehörte der Einsatz der 298.207 (ex NÖLB Uv.3) ebenso wie derjenige der 298.56 (ex NÖLB U.6). Die 298.207 soll demnächst eine neue Hauptuntersuchung bekommen und dann von Obergrafendorf aus mit Nostalgiezügen auf der Mariazellerbahn verkehren. Auch die Aufarbeitung der 298.54 (ex NÖLB U.4) ist geplant, derzeit steht diese Lokomotive abgestellt in Obergrafendorf.

Die Lokomotiven der Niederösterreichischen Landesbahn

Die Waldviertler Schmalspurbahnen

Noch vor der Jahrhundertwende wurde die so genannte Niederösterreichische Waldviertelbahn konzessioniert, die die Gegend nördlich und südlich von Gmünd durch Schmalspurstrecken erschließen wollte. Gmünd war damals bereits mit der von Wien nach Budweis (Ceske Budejowice) führenden Kaiser-Franz-Josefs-Bahn an das Schienennetz angeschlossen gewesen. Mit dem Bau der Schmalspurbahnen ergab sich die Möglichkeit, auch das Umland an diesem neuen Verkehrsmittel teilnehmen zu lassen.

und am 1. März 1903 von Steinbach bis Groß Gerungs. Die Betriebsführung oblag dem Niederösterreichischen Landeseisenbahnamt, das ab 1908 als NÖLB firmierte. An Lokomotiven wurden zunächst vier Maschinen der Type U angeschafft.

Diesen folgten 1902 dann noch zwei Verbundloks der Reihe Uv, die bereits beschrieben worden sind. Während die Uv.1 bereits 1905 nach St.Pölten umbeheimatet wurde, blieb die Uv.2 in Gmünd. 1914 kam dann aus St.Pölten noch die NÖLB U.3 dazu. Im Verlauf des Ersten Weltkriegs mussten jedoch die U.5, U.6 und U.7 an die kaiserlich-königliche Heeresbahn abgegeben werden Die U.5 kehrte später aus Bosnien nach Gmünd zurück, wogegen die U.7 und die U.8 in Italien verblieben.

■ Die Lok 3 der NÖLB wurde für die Waldviertelbahn gebaut und später in NÖLB U.7 umnummeriert. Auf diesem Werkfoto trägt sie noch den hellen Fotografieranstrich. Die Maschine verblieb **1918 in Italien.** *Foto: Slg. Töpelmann, Archiv transpress*

Nach dem Ende des Ersten Weltkriegs wurde der Lokmangel zunächst durch den Zugang der Uh.1 und der U.4 aus St. Pölten gelindert. Zu dieser Zeit befanden sich die NÖLB in einer schlechten wirtschaftlichen Lage und wurde 1922 von den BBÖ übernommen. Dabei kamen auch die Waldviertler Maschinen in den Bestand der BBÖ. 1927 verließ die U.55 (ex NÖLB U.5) Gmünd endgültig, nachdem sie bereits zuvor mehrmals kurzzeitig auf anderen Schmalspurstrecken im Einsatz gestanden hatte. Ihr folgte 1930 die U.54 (ex NÖLB U.4). 1931 kehrte die nunmehrige Uv.6 (ex NÖLB Uv.2) nach Gmünd zurück.

Das Waldviertler Schmalspurnetz besteht aus drei Ästen. Die Eröffnung der beiden Nordäste erfolgte am 4. Juli 1900 mit der Betriebsaufnahme auf den Strecken Gmünd–Altnagelberg–Litschau und Litschau–Heidenreichstein. Die Südstrecke wurde in zwei Etappen eröffnet, zunächst am 10. August 1902 von Gmünd bis Steinbach-Groß Pertholz

Lokomotiven der Reihe U der Waldviertler Schmalspurbahnen

Hersteller	Fabrik-Nr.	Baujahr	Bahn	Betriebs-Nr.	Bemerkungen
Krauss, Linz	4182	1899	NÖLB	1	1909 Umzeichnung in U.5
Floridsdorf	1354	1900	NÖLB	2	1909 Umzeichnung in U.6
Floridsdorf	1355	1900	NÖLB	3	1909 Umzeichnung in U.7
Floridsdorf	1356	1900	NÖLB	4	1909 Umzeichnung in U.8

Die Lokomotiven der Niederösterreichischen Landesbahn

Am 6. Juni 1960 war die 298.27 in Steinbach-Groß Pertholz auf der Strecke nach Groß Gerungs anzutreffen. Die Lok ist inzwischen verschrottet worden. *Foto: Alfred Luft*

Das Bild vom 5. September 1957 zeigt die 298.27 mit einem Güterzug bei der Abfahrt aus Gmünd. Der Rollwagenbetrieb bestand hier bis Anfang 2001. *Foto: Alfred Luft*

Die Lokomotiven der Niederösterreichischen Landesbahn

So sah die 298.207 im Jahr 1977 aus: Die Lok war damals noch Planlok in Gmünd (24.März 1977). *Foto: Rolard Beier*

Das Ende des Ersten Weltkriegs hatte auch Änderungen des Grenzverlaufs mit sich gebracht, und so fuhren die Züge in Richtung Altnagelberg von Gmünd aus zunächst im Korridorverkehr einige Kilometer über tschechisches Territorium. Nach dem Anschluss Österreichs an das Deutsche Reich und der Annexion des Sudetenlands verschwand entfiel dieser Korridorverkehr vorübergehend, wurde 1945 aber wieder aktuell. 1950 wurde dann auf Kosten der Tschechoslowakei eine neue ausschließlich auf österreichischem Territorium verlaufende Strecke gebaut und die alte Linienführung abgetragen.

Der Zweite Weltkrieg brachte aber auch sonstige Änderungen mit sich: So wurde 1938 die 99 7843 (ex CSD U37.004, ex kkStB U.14) nach Gmünd um-

Meist wurde die 298.207 in Zeiten des Planbetriebs auf der Nordstrecke von Gmünd nach Litschau bzw. Heidenreichstein eingesetzt. Am 24. März 1977 verlässt sie mit einem gemischten Zug den Bahnhof Altnagelberg. *Foto: Roland Beier*

■ Am 8. Juli 1980 war die 298.207 schon grün lackiert. Das Bild zeigt sie beim Verschub eines Güterzugs in Gmünd.
Foto: Roland Beier

■ Eher selten wurde die 298.207 in Richtung Groß Gerungs eingesetzt. Das Foto vom 7. Juli 1979 zeigt sie bei der Ausfahrt aus Gmünd in Richtung Weitra. *Foto: Roland Beier*

stationiert, 1944 wurde sie nach Garsten abgegeben. Im Jahr 1943 verließ die ehemalige BBÖ U.56 (NÖLB U.6) Gmünd ebenfalls nach Garsten. 1944 kam dann die ehemalige BBÖ U.32 nach Gmünd, die 1945 in der Tschechoslowakei verblieb und wurde dort als CSD U38.001 bezeichnet wurde.

Nach 1945 war die ehemalige BBÖ Uv.5 (ex NÖLB Uv.1) in der Tschechoslowakei verblieben und kehrte erst 1950 wieder nach Gmünd zurück, bevor sie 1951

Die Lokomotiven der Niederösterreichischen Landesbahn

nach Waidhofen weitergereicht wurde. Auch die NÖLB Uv.2 (BBÖ Uv.6) verließ 1949 Gmünd ebenso wie ein Jahr zuvor die NÖLB Uv.3 (BBÖ Uv.7), die 1941 nach Gmünd gekommen war. Erst 1953 kehrte Letztere – nunmehr als ÖBB 298.207 bezeichnet – wieder nach Gmünd zurück. Im Jahr 1950 kam mit der 298.06 (BBÖ U.6) nochmals eine U nach Gmünd, sie blieb aber nur bis 1960. Zwischen 1951 und 1965 war die 298.27 mit einer kurzen Unterbrechung im Waldviertel. Von 1964 bis 1966 gab schließlich die 398.01 (BBÖ Bh.1) ein kurzes Gastspiel in Gmünd.

Ab 1947 kam die Reihe Uh von Gmünd aus zum Einsatz. Zunächst erhielt man dort die späteren 498.01 (Uh.01), 498.06 (Uh.06) und 498.07 (Uh.101). 1956 war noch die 498.04 (Uh.04) für einige Monate in Gmünd stationiert. 1960 verabschiedete sich mit der 498.06 wieder die letzte Uh aus dem Waldviertel. Allmählich übernahmen hier jetzt die schweren Schleppenderloks der Reihe 399 den Güterverkehr. Im Personenverkehr setzten die ÖBB die Reihe 2091 und auch die Reihe 2095 ein. Später kamen dann noch zwei Dieseltriebwagen der Reihe 5090 ins Waldviertel. Dennoch wurde der Betrieb dieser Bahnlinien immer unwirtschaftlicher. Im Jahr 1986 gaben die ÖBB den Personenverkehr auf den Nordästen auf, 1992 endete der Güterverkehr zwischen Altnagelberg und Heidenreichstein. Dieser Abschnitt wird seither als Museumsbahn betrieben, besitzt aber

■ Am 25. April 1980 lag in Altnagelberg noch Schnee, als die 298.207 mit dem mittäglichen gemischten Zug aus Gmünd eintraf.
Foto: Roland Beier

Die Lokomotiven der Niederösterreichischen Landesbahn

Auch nach dem Ende der regelmäßigen Planeinsätze blieb die 298.207 zunächst in Gmünd und wurde fortan vor den Dampfbummelzügen verwendet. So auch am 4. Juli 1987, als sie in der Nähe von Alt Weitra abgelichtet wurde. *Foto: Roland Beier*

keine Lok der Reihe U. Ende 2000 wurde dann der gesamte Güterverkehr auf den Waldviertler Schmalspurstrecken aufgeben und am 9.Juni 2001 erfolgte die Einstellung des restlichen Personenverkehrs. Die Strecke Gmünd–Litschau soll jetzt eine Museumsbahn werden. Hingegen wird zwischen Gmünd und Groß Gerungs zumindest bis Ende 2002 im Sommer und zu Weihnachten ein Bummelzugverkehr aufrecht erhalten.

Die Reihe U der Österreichischen Bundesbahnen (BBÖ)

Mit dem Ende der österreich-ungarischen Monarchie im Jahr 1918 ging auch das Ende der kaiserlich-königlichen österreichischen Staatsbahnen (kkStB) einher. Als Nachfolgegesellschaft in Restösterreich konstituierten sich zunächst die Deutsch-österreichischen Staatsbahnen, die alsbald in Österreichische Staatsbahnen und schließlich 1921 in Österreichische Bundesbahnen (BBÖ) umgetauft wurden. Die BBÖ behielten das Bezeichnungsschema der kkStB bei. Die Nummern der übernommenen Lokomotiven blieben daher gleich. Als die BBÖ im Jahr 1922 die NÖLB übernahmen, wurden deren U-Lokomotiven von den BBÖ in den vorhandenen Fahrzeugpark eingereiht.

Von den Österreichischen Bundesbahnen übernommene Maschine der Niederösterreichischen Landesbahnen

NÖLB-Nummer	Betriebsnummer der BBÖ	Bemerkungen
NÖLB U.1	BBÖ U.51	
NÖLB U.2	BBÖ U.52	
NÖLB U.3	BBÖ U.53	
NÖLB U.4	BBÖ U.54	
NÖLB U.5	BBÖ U.55	
NÖLB U.6	BBÖ U.56	
NÖLB Uv.1	BBÖ Uv.5	
NÖLB Uv.2	BBÖ Uv.6	
NÖLB Uv.3	BBÖ Uv.7	
NÖLB Uh.1	BBÖ Uh.1	1928 Umzeichnung in BBÖ Bh.1

Die Reihe U in der Tschechoslowakei

Nach dem Ende des Ersten Weltkriegs entstand die neugegründete Tschechoslowakei mit Böhmen und Mähren einerseits und der Slowakei andererseits. Böhmen und Mähren hatten einst zur österreichischen Reichshälfte gehört. Zusammen mit den dort errichteten Schmalspurbahnen gelangte auch eine Anzahl Lokomotiven der Reihe U zu den Tschechoslowakischen Staatsbahnen (CSD), die die Nachfolge der kkStB in der Tschechoslowakei antraten. Anfangs behielten die Maschinen ihre alten Bezeichnungen. Erst 1924 begannen die CSD mit der Einführung eines neuen Nummernschemas. Die Reihe U erhielt nun die neue Reihenbezeichnung U37, neben sechs Loks der ehemaligen kkStB wurden auch drei Maschinen der Friedländer Bezirksbahn hier einnummeriert, auf die später noch näher eingegangen wird. Im Jahr 1929 kehrten dann noch zwei Maschinen aus Polen in die Tschechoslowakei zurück, die als U37.010–011 bezeichnet wurden.

Bei Ende des Zweiten Weltkriegs waren die Loks der Reihe U in alle Winde verstreut worden und es fanden sich nur sechs Maschinen in der Tschechoslowakei wieder, nämlich die U37.002, 003, 006, 008, 009 und 011. Dafür gab es aber auch zwei Neuzugänge. Eine Lok der ehemaligen Reihe Uv kam 1945 aus Österreich zu den CSD und wurde als U37.101 bezeichnet. Eine weitere U sollte ursprünglich als U37.012 übernommen werden, erhielt aber auf Grund ihres etwas höheren Gewichts schließlich die Bezeichnung U38.001.

Auf die Einsatzgeschichte der einzelnen Lokomotiven wird bei der nachfolgenden Beschreibung der einzelnen Strecken näher eingegangen.

Von den Tschechoslowakischen Staatsbahnen übernommene Lokomotiven der Reihe U

Hersteller	Fabrik-Nr.	Baujahr	Bahn	alte Betriebs-Nr.	Bemerkungen
Krauss, Linz	3638	1897	kkStB	U.1	ab 1925 CSD U37.001
Krauss, Linz	3614	1898	kkStB	U.12	ab 1925 CSD U37.002
Krauss, Linz	3615	1898	kkStB	U.13	ab 1925 CSD U37.003
Krauss, Linz	3616	1898	kkStB	U.14	ab 1925 CSD U37.004
BMF	175	1906	kkStB	U.34	ab 1925 CSD U37.005
BMF	285	1897	kkStB	U.41	ab 1925 CSD U37.006
Krauss, Linz	4183	1899	FBB	11	ab 1925 CSD U37.007
Krauss, Linz	4184	1899	FBB	12	ab 1925 CSD U37.008
Krauss, Linz	4185	1899	FBB	13	ab 1925 CSD U37.009
Krauss, Linz	3817	1898	kkStB	U.15	ab 1925 CSD U37.010
Krauss, Linz	3818	1898	kkStB	U.16	ab 1925 CSD U37.011

Von den Tschechoslowakischen Staatsbahnen 1945 übernommene Lokomotiven der Reihe U

Hersteller	Fabrik-Nr.	Baujahr	Bahn	alte Betriebs-Nr.	Bemerkungen
Krauss, Linz	4786	1902	BBÖ	Uv.5	ab 1945 CSD U37.101
Krauss, Linz	5048	1903	kkStB	U.32	ab 1945 CSD U38.001

Bärn–Hof

Die Stadt Bärn (Moravský Beroun) in Nordböhmen war bereits 1872 durch die Mährisch-Schlesische Zentralbahn mit Olmütz (Olomouc), der Hauptstadt der Region durch eine Bahnlinie verbunden worden. Zwar lag die Stadt nicht unmittelbar an der Eisenbahn, der Bahnhof Andersdorf (Ondrášov) war aber nicht sehr weit entfernt und trug auch den Doppelnamen Bärn-Andersdorf. Die unweit von Bärn gelegene Stadt Hof (Dvorce) war jedoch eisenbahntechnisch nicht erschlossen. Nach Inkrafttreten

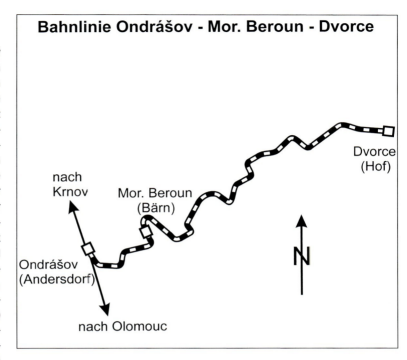

des Lokalbahngesetzes wurde dem schon länger vorhandenen Wunsch nach dem Bau einer Bahnlinie nach Bärn Auftrieb gegeben. Man wählte die Ausführung als Schmalspurbahn mit 760 mm Spurweite und im Herbst 1897 wurde die Trassierung genehmigt. Nach etwas mehr als einjähriger Bauzeit erfolgte am 31. Dezember 1898 die feierliche Eröffnung der neuen Bahnlinie, die elf Kilometer lang war. Die Eigentümer übertrugen die Betriebsführung von Beginn an den kaiserlich-königlichen österreichischen Staatsbahnen (kkStB). Nachdem die Strecke nahezu zeitgleich mit der Bahnlinie Röwersdorf (Tremesna)–Hotzenplotz (Osoblaha) in Betrieb ging, wo auch die kkStB den Betrieb führte, wurden für die beiden Strecken insgesamt fünf Lokomotiven der Reihe U beschafft. Es handelte sich dabei um die U.12 bis U.16. Die Verteilung war ursprünglich so vorgesehen, dass die U.12 und die U.13 für Bärn–Hof bestimmt waren. Allerdings kamen dann zunächst tatsächlich die U.12 und die U.16 nach Bärn. Die U.12 absolvierte im Übrigen ihre Probefahrt am 12. November 1898 zwischen Kienberg-Gaming und Lunz am See auf der Ybbstalbahn. Während die U.12 das Ende des Ersten Weltkriegs in Bärn erlebte, verschlug es die U.16 bereits 1915 zur kaiserlich-königlichen Heeresbahn (kkHB), die die Maschine requiriert hatte. Als Ersatz verfügte man eine zweiachsige Lokomotive nach Bärn, die A.001. Die U.16 verblieb in der Folge in Polen und kehrte erst 1929 in die Tschechoslowakei zurück.

Nach Kriegsende übernahmen die neugegründeten CSD die Strecke und zeichneten 1925 die U.12 in U37.002 um. Der aufkommende Kraftwagenverkehr machte der kleinen Schmalspurbahn sehr früh zu schaffen. Die Weltwirtschaftskrise beschleunigte den Niedergang der Strecke Bärn–Hof noch. Daher kam die zurückgekehrte U.16 (CSD U37.011) auch nicht mehr in Beroun zum Einsatz sondern ging gleich nach Osoblaha. Am 15. September 1933 wurde schließlich der Verkehr eingestellt und die U37.002 nach Osoblaha umstationiert. Im Jahr 1937 wurde die Strecke schließlich abgetragen.

Röwersdorf–Hotzenplotz (Tremesná–Osoblaha)

Als die Mährisch-Schlesische Zentralbahn 1872 ihre erste Strecke von Olmütz (Olomouc) nordwärts über Jägerndorf (Krnov) nach Hennersdorf (Jindrichov) nahe der Grenze zu Deutschland eröffnete ergab sich für den östlich von Hennersdorf gelegenen Zipfel Nordmährens das Problem, von der neuen Nahverbindung nur unzureichend profitieren zu können. Ähnlich wie in Hof (Dvorce) entstand in Hotzenplotz (Osoblaha) der Wunsch nach einem Eisenbahnanschluss. Dieser erhielt nach der Erlassung der Lokalbahngesetze neue Nahrung und 1896 wurde die Strecke von Röwersdorf (Tremesna) nach Hotzenplotz gleichzeitig mit der Strecke Bärn–Hof im Reichsgesetzblatt Nr.141 konzessioniert. Die rund 20 km lange Strecke konnte am 14. Dezember 1898, zwei Wochen vor der Strecke Bärn–Hof, feierlich eröffnet werden. Da diese Strecke die längere war, wurden ihr von den betriebsführenden kkStB anfangs drei Dampflokomotiven der Reihe U zugewiesen. Es waren dies die U.13, U.14 und U.15, wobei eigentlich – wie bereits erwähnt – die U.16 an Stelle der U.13 für diese Strecke bestimmt gewesen war. Nach Beginn des Ersten Weltkrieges wurde auch hier ein Maschine von der Heeresbahn beansprucht. Als Ersatz für die beschlagnahmte U.15 kam ebenfalls ein kleiner Zweikuppler nach Hotzenplotz, nämlich die A.002. Nach 1918 wurde auch diese Strecke von den CSD übernommen. Die beiden Lokomotiven U.13 und U.14 wurden 1925 in U37.003 und U37.004 umnummeriert. Die U.15 befand sich nach 1918 in Polen und wurde erst 1928 an die CSD zurückgegeben. Sie erhielt die Bezeichnung U37.009, kam aber nicht mehr nach Osoblaha sondern fand in Ruzomberok Verwendung.

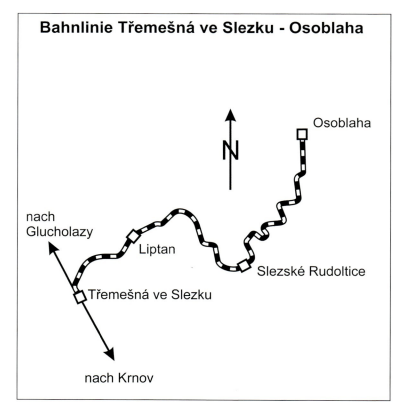

Da auch hier die Konkurrenz durch den Kraftwagenverkehr spürbar wurde, beschaffte man 1928 zwei Triebwagen, denen um 1936 ein Dritter folgte. Im Jahr 1933 war zwar noch die U37.002 von Beroun nach Osoblaha überstellt worden, doch man benötigte die Reihe U eigentlich nicht mehr und gab sie noch vor 1938 ab. Die U37.002 und die U37.004 gelangten nach Jindrichuv Hradec, die U37.003 hingegen kam nach Ruzomberok.

Nach dem Zweiten Weltkrieg gelangte dann nochmals eine U nach Osoblaha. Es handelt sich um die

Die Reihe U in der Tschechoslowakei

Die U.13 der kkStB wurde für die Strecke Röwersdorf–Hotzenplotz gebaut und gelangte dann als U37.003 zur CSD. 1939 wurde sie von der Deutschen Reichsbahn als 99 7842 umnummeriert. 1945 kam sie dann wieder zur CSD. *Foto: Archiv Alfred Luft*

ehemalige U.32, die die Deutschen Reichsbahn als 99 7816 bezeichnet hatte und 1945 in der Tschechoslowakei verblieb. Die Maschine war bis dahin in Gmünd und in Nova Bystrice verwendet worden. Die CSD bezeichneten die 99 7816 als U38.001. Ursprünglich hätte sie die Nummer U37.012 erhalten sollen. Im Jahr 1946 kam die U38.001 nach Osoblaha und stand dort bis 1958 im Einsatz. Das war der Zeitpunkt, zu dem die CSD die ersten Diesel-

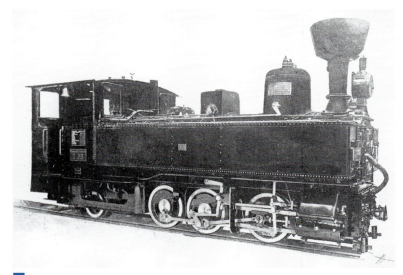

Die U.33 wurde für die Schmalspurbahn Neuhaus–Wobratein gebaut. 1918 ist sie bei den FS in Italien verblieben. *Foto: Slg. Töpelmann, Archiv transpress*

Die Reihe U in der Tschechoslowakei

■ Die CSD U37.008 stammt von der Friedländer Bezirksbahn. Sie stand jahrelang auf dem Denkmalsockel und wurde dann als Museumslok für die Schmalspurbahnen in Jindrichuv Hradec auserkoren. Am 5. August 1994 wartete sie dort auf bessere Zeiten. Inzwischen dient sie als Ersatzteilspender für die U37.002. *Foto: Thomas Allgeier*

loks der Reihe TU47 beschafften. Die U38.001 ist dann 1958 verschrottet worden. Die Schmalspurbahn Tremesna–Osoblaha hat hingegen die Zeit überdauert und ist auch heute noch in Betrieb.

Ruzomberok–Korytnica

Als 1908 die Schmalspurbahn von Rózsahegy (heute Ruzomberok) nach Koritnica (heute Korytnica) eröffnet wurde, lag diese 23,6 km lange Strecke in der ungarischen Reichshälfte der Monarchie. Das war auch der Grund, weshalb für diese Bahnlinie, deren Betriebsführung der Kaschau-Oderberger-Bahn oblag, zunächst eine ungarische Lokomotivtype beschafft wurde. Diese drei Lokomotiven wurden jedoch während des Ersten Welt-

kriegs von der Heeresbahn beschlagnahmt. Nach Ende des Ersten Weltrieges gehörte die Schmalspurbahn nunmehr zur Tschechoslowakei. Sie wurde fortan von den CSD betrieben und so gelangten alsbald zwei Maschinen der Reihe U nach Ruzomberok, nämlich die U37.006 und die aus Polen zurückgekehrte U37.011. Später wurden dann auch die U37.002, 003 und 008 vorübergehend in Ruzomberok eingesetzt.

Die letzten in Ruzomberok verwendeten Dampfloks waren die U37.006 und die U37.008. Während Erstere 1959 kassiert und anschließend als Denkmal in Ruzomberok aufgestellt wurde, ist die U37.008 erst 1964 ausgemustert worden. Heute befindet sie sich in Prag und dient als Ersatzteilspender für die in Aufarbeitung befindliche U37.002. Die Schmalspurbahn nach Korytnica selbst ist schon vor vielen Jahren eingestellt worden.

Die Reihe U in der Tschechoslowakei

■ Nur noch die Denkmallok U37.006 erinnert heute an die Schmalspurbahn in Ruzomberok (Aufnahme vom 31. Mai 1991). *Foto: Roland Beier*

■ Die Reste der U37.002 waren am 31. Mai 1991 in Podbrezova anzutreffen. Inzwischen wird die Lok mit Teilen von der U37.008 wieder betriebsfähig aufgearbeitet. *Foto: Roland Beier*

Die Reihe U in der Tschechoslowakei

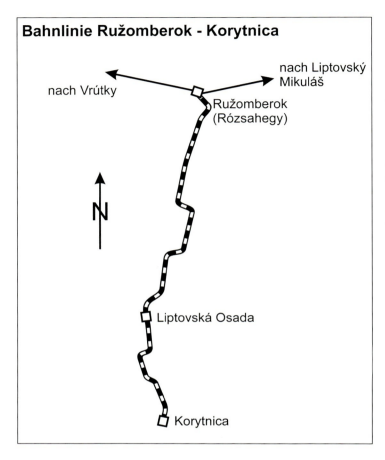

Ushgorod–Antalovce

Die so genannte Karpathoukraine war einst Teil der ungarischen Reichshälfte der österreichisch-ungarischen Monarchie. Nach dem Ersten Weltkrieg wurde sie 1918 der neu gebildeten Tschechoslowakei zugeschlagen und 1945 schließlich der Sowjetunion. Heute ist dieses Gebiet Teil der Ukraine. Nach dem Beginn des Ersten Weltkriegs errichtete die Heeresbahn eine schmalspurige Eisenbahn von der Hauptstadt der Karpathoukraine Ungvár (heute Ushgorod) nach Antalócs (heute Antalovce). Sie diente vorwiegend militärischen Zwecken. Anfangs standen hier ungarische Lokomotivtypen im Einsatz. Nach dem Ende des Ersten Weltkriegs fand sich die 35 km lange Strecke in der Tschechoslowakei wieder. Die Betriebsführung nahmen nunmehr die CSD wahr. Im Jahr 1927 kam dann mit der U37.001 die erste Lok der Reihe U nach Ushgorod. 1930 folgten ihr die U37.005 und 1931 schließlich die U37.010. Diese Maschinen blieben dort bis zum März 1939, als das Gebiet als Folge des Ersten Wiener Schiedsspruchs wieder Ungarn zugeschlagen wurde. In der Folge übernahm die Ungarische Staatsbahn (MÁV) den Betrieb und die drei Lokomotiven wurden zunächst provisorisch als Reihe 394 bezeichnet, ehe sie 1940 die endgültigen Nummern 395.101–103 erhielten.

Bei Kriegsende 1945 befanden sich nur die 395.101 und 103 in Ushgorod, die dann in der Sowjetunion verblieben. Um 1950 wurden die beiden Maschinen dann durch Neubaudampfloks der Reihe Kv4 ersetzt und ausgemustert, die Schmalspurbahn selbst wurde schließlich um 1962 eingestellt.

Von der Ungarischen Staatsbahn übernommene Lokomotiven der Reihe U

Hersteller	Fabrik-Nr.	Baujahr	Bahn	alte Betriebs-Nr.	Bemerkungen
Krauss, Linz	3638	1897	CSD	U37.001	1939 MÁV 394.001; 1940 Umzeichnung in MÁV 395.101
BMF	175	1906	CSD	U37.005	1939 MÁV 394.002; 1940 Umzeichnung in MÁV 395.102
Krauss, Linz	3817	1898	CSD	U37.010	1939 MÁV 394.003; 1940 Umzeichnung in MÁV 395.103

Die Reihe U in der Tschechoslowakei

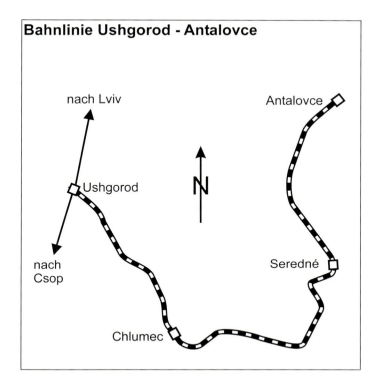
Bahnlinie Ushgorod - Antalovce

Die 395.002 der MAV blieb 1945 in Ungarn und wurde später an das Landwirtschaftsministerium abgegeben. Dort erhielt sie zunächst die Bezeichnung GV 69, später dann GVI 381.069. Im Jahr 1963 ist die Lokomotive dann verschrottet worden. Damit wurde auch die kurze Geschichte der Reihe U in Ungarn abgeschlossen.

Die Friedländer Bezirksbahn

Nachdem am 11. November 1884 in Sachsen die Schmalspurbahn Zittau–Markersdorf eröffnet worden war, stellte sich alsbald die Frage der Verlängerung dieser Bahnlinie bis nach Reichenberg in Böhmen. Als Grenzübergang wurde in einem Staatsvertrag mit Österreich Hermsdorf in Böhmen festgelegt. Der Abschnitt Markersdorf–Hermsdorf ging am 25.August 1900 in Betrieb. Etwa zur selben Zeit wurde auch für eine schmalspurige Bahnlinie von Hermsdorf nach Friedland die Konzession erteilt. Der Bezirk Friedland erblickte in einer derartigen Bahnverbindung eine Chance für die wirtschaftliche Weiterentwicklung, nachdem der Bau einer Normalspurstrecke Friedland–Zittau von der Regierung in Wien abgelehnt worden war. Die Konzession wurde dem Friedländer Bezirksamt erteilt, welches dann die Friedländer Bezirksbahn (FBB, auf Tschechisch: Frydlantské okresní dráhy – FOD) ins Leben rief, die in dieser Region später auch zwei Normalspurstrecken errichtete.

Nach einjähriger Bauzeit eröffnete die Friedländer Bezirksbahn am 25. August 1900 die 10,8 km lange Bahnlinie von Hermsdorf nach Friedland. Um Kosten zu sparen wurde die Strecke so angelegt, dass die Zwischenstation Detrichov (Dittersdorf) als Kopfbahnhof ausgeführt wurde, die Lok musste dort bei jeder Fahrt umsetzen. Für den Betrieb erwarb die FBB 1899 drei Maschinen von Krauss in Linz. Man griff auf die bewährte Reihe U zurück, die somit erstmals für eine Spurweite von 750 mm anstatt der sonst üblichen 760 mm ausgeführt wurde. Als Bremseinrichtung besaßen die Maschinen

Die Lokomotiven der Reihe U der Friedländer Bezirksbahn

Hersteller	Fabrik-Nr.	Baujahr	alte Betriebs-Nr.	Name	Bemerkungen
Krauss, Linz	4183	1899	Nr. 11	EHRLICH	1925 Umzeichnung in U37.007
Krauss, Linz	4184	1899	Nr. 12	FRIEDLAND	1925 Umzeichnung in U37.008
Krauss, Linz	4185	1899	Nr. 13	HERMSDORF	1925 Umzeichnung in U37.009

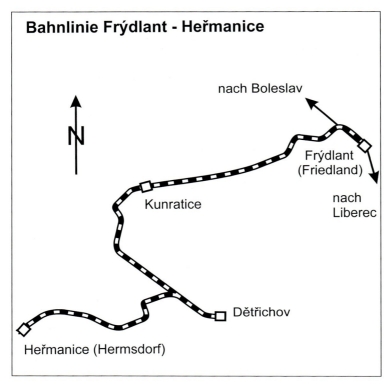

eine Seilzugbremse der Bauart Heberlein, die bis zu Ausscheiden der Loks aus dem Betriebsdienst verwendet wurde.

Die Maschinen unterschieden sich von der Reihe U aber auch in anderen Details. Die Treibräder der FBB-Loks hatten nämlich einen Durchmesser von 845 mm gegenüber 820 mm bei der Reihe U. Die Laufräder sind mit 600 mm gegenüber 570 mm etwas größer ausgefallen.

Diese drei Lokomotiven blieben auch nach dem Gewinn der Unabhängigkeit der Tschechoslowakei im Jahr 1918 auf ihrer Heimatstrecke. 1925 wurden die drei Maschinen von den CSD als U37.007–009 in ihren Bestand aufgenommen. Trotz wirtschaftlicher Probleme konnte die Schmalspurbahn die Zwischenkriegszeit überstehen. Auch nach der Annexion der Tschechoslowakei durch das Deutsche Reich im Jahr 1938 änderte sich nicht viel. Die Aufnahme eines durchgehenden Personenzugverkehrs zwischen Friedland und Zittau unterblieb. Die drei Schmalspurlokomotiven erhielten die DRG-Nummern 99 791–793. Anfang 1945 wurde die 99 791 in der Eisenbahnwerkstätte Ceska Lipa bei einem Luftangriff so schwer beschädigt, dass sie ins Reichsbahnausbesserungswerk (RAW) Chemnitz geschafft wurde, wo sie das Kriegsende erlebte. Dort wurde sie 1946 wieder instand gesetzt und von der Deutschen Reichsbahn in Betrieb genommen. 1957 erfolgte nochmals eine Umzeichnung in 99 4712. Erst 1966 wurde die 99 4712 schließlich verschrottet.

Die beiden anderen Maschinen wurden von den CSD nach 1945 wieder als U37.008–009 bezeichnet und weiter in ihrer alten Heimat verwendet. Die neue Grenzziehung zwischen Deutschland und Polen hatte dazu geführt, dass die Strecke Hermsdorf–Zittau teilweise über polnisches Territorium verlief. Einer Wiederaufnahme des grenzüberschreitenden Verkehrs wurde nicht zugestimmt und so wurde die Bahn zur Stichstrecke. Am 1. Mai 1951 erfolgte eine vorrübergehende Einstellung des Personenverkehrs und die Strecke wurde 1954 zu einer Anschlussbahn der Nordböhmischen Steinindustrie. Am 14. Juli 1957 übernahmen die CSD die Betriebsführung und setzten auch wieder Personenzüge auf der Schmalspurbahn ein. Im Jahr 1958 kam die Ablösung in Gestalt von Dieselloks der Reihe TU47, die aber vorerst nur im Güterverkehr eingesetzt werden konnten. Im Personenverkehr waren die Dampfloks wegen der Dampfheizung für die Personenwagen noch nicht ersetzbar. 1961 ging die U37.008 für ein Jahr nach

■ Eine Maschine der Reihe U verblieb nach dem Zweiten Weltkrieg in der Sowjetischen Besatzungszone. Die Deutsche Reichsbahn reihte die Lok als 99 4712 in ihren Bestand ein und setzte sie auf den Schmalspurstrecken der Prignitz ein. Nach einem Unfall stand die 99 4712 im Jahr 1959 im Raw Görlitz. *Foto: Slg. Michael Reimer*

■ Die CSD gab den von den kkStB übernommenen Lokomotiven erst 1924 neue Nummern. Die Aufnahme der U.1 in Nova Bystrice entstand vor der Umzeichnung. *Foto: Slg. Karel Just*

Die Reihe U in der Tschechoslowakei

Die Loks der Friedländer Bezirksbahn unterscheiden sich von denn übrigen Maschinen der Reihe U durch die etwas größeren Treibräder und die Spurweite von 750 mm. 1963 entstand dieses Bild der U37.009 in Frýdlant. Foto: Slg. Karel Just

1. November 1897 statt. Die Strecke erschließt ein Gebiet in Südböhmen, das als Böhmisch-Kanada bezeichnet wird. Als Lokomotiven wurden drei Maschinen der Type U beschafft. Für die betriebsführenden kkStB waren das die ersten Lokomotiven der Reihe U (U.1 bis U.3), die nach dem Vorbild der Murtalbahnlokomotiven angeschafft wurden.

Einige Jahre später wurde die Bahnlinie nach Neubistritz um eine von Neuhaus nordwärts nach Wobratein (heute Obratan) führende Strecke ergänzt, die am 24. Dezember 1906 dem Verkehr übergeben wurde. Auch für diesen Streckenast beschafften die kkStB zunächst zwei Maschinen der Reihe U – nämlich die U.33 und U.34. Das steigende Verkehrsaufkommen machte bald Kauf einer weiteren Maschine erforderlich, 1908 kam somit die U.41 nach Neuhaus.

Von diesen sechs Lokomotiven wurden drei im Ersten Weltkrieg zur Heeresbahn in Bosnien abkommandiert. Dies betraf die U.1, die U.2 und die U.3. Die U.33 musste 1916 nach Triest abgegeben werden, um den dort wachsenden Militärverkehr zu bewältigen. Im Jahr 1918 kehrte nur die U.1 nach Jindrichuv Hradec zurück. Die U.2 und die U.3 blieben aber in Bosnien, die U.33 dagegen in Italien.

In der Folge übernahmen die CSD die Betriebsführung auf den beiden Schmalspurstrecken. 1924 wurden die drei verbliebenen Maschinen in die Reihe U37 umgezeichnet. 1927 verfügten die CSD die U37.001 nach Ushgorod. Die U37.006 ging 1929 nach Ruzomberok und die U37.005 wurde 1930 zur Waldbahn Teresva versetzt. 1933 kam dann in Gestalt der U37.011 wieder eine U nach Jin-

Kraluv Dvur, vorübergehend war sie auch in Ruzomberok. Eine Zeitlang befand sich auch die U37.002 (ex kkStB U.12) in Friedland. Die U37.009 musterten die CSD 1963 in Friedland aus, ein Jahr später folgte ihr die U37.008. Ihre Reste befinden sich heute in Praha-Smichov, wo sie zur Komplettierung der U37.002 dienen sollen, deren Reaktivierung geplant ist. Die Herrschaft der Dieselloks dauerte in Friedland noch etwas länger. Erst am 13. Januar 1976 wurde die Schmalspurbahn der ehemaligen Friedländer Bezirksbahn wegen Oberbauschäden schließlich eingestellt.

Die Schmalspurbahnen um Neuhaus

Bereits im Jahr 1894 wurde die Konzession zur Errichtung einer Schmalspurbahn, die von Neuhaus (heute Jindrichuv Hradec) nach Neubistritz (heute Nová Bystrice) führen sollte, erteilt. Alsbald begannen die Bauarbeiten, die Eröffnung fand am

Die Reihe U in der Tschechoslowakei

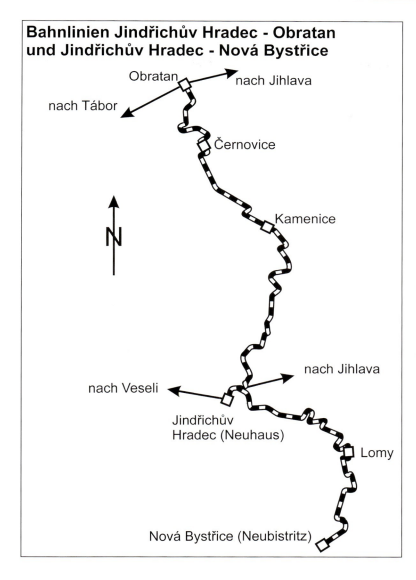

Bahnlinien Jindřichův Hradec - Obratan und Jindřichův Hradec - Nová Bystřice

drichuv Hradec, ein Jahr später folgte ihr die U37.004. Die U37.011 wurde aber bereits 1934 wieder nach Ruzomberok zurückbeordert.

1939 geriet die Bahn in den Einflussbereich der Deutschen Reichsbahn, in der Folge wurden die Uv.5 (99 801) und die Uv.6 (99 802) von Gmünd nach Neuhaus umbeheimatet. Während die Uv.6 im Jahr 1945 wieder nach Gmünd zurückkehrte, dauerte es bei der Uv.5 bis 1950. Im Jahr 1945 hatte diese Maschine vorübergehend die Nummer U37.101 erhalten. Dagegen ging die U37.004 schon 1940 als 99 7843 nach Gmünd und verblieb nach 1945 in Österreich.

1945 wurde die U38.001 in Jindrichuv Hradec in Betrieb genommen, aber schon ein Jahr später nach Osoblaha abgegeben. 1950 kam dann noch die U37.002 nach Jindrichuv Hradec, die 1953 an die Waldbahn Cierny Balog ging. Damit endete die Geschichte der U in Jindrichuv Hradec vorläufig.

Im Jahr 1997 wurden die beiden Schmalspurbahnen privatisiert, den Betrieb führt nunmehr die Jindrichohradecke Mistni Drahy (JHMD), die während der Sommermonate auch Dampfbummelzüge einsetzt. Zu diesem Zweck wird derzeit die U37.002 in Prag aufgearbeitet, wobei auch Teile der U37.008 Verwendung finden sollen. Damit wird eine Lok der Type U nach Jindrichuv Hradec zurückkehren.

Werkbahn Kraluv Dvur

Am 9. Mai 1898 wurde die nur wenig bekannte Schmalspurbahn von Königshof (heute Kraluv

Die Reihe U in der Tschechoslowakei

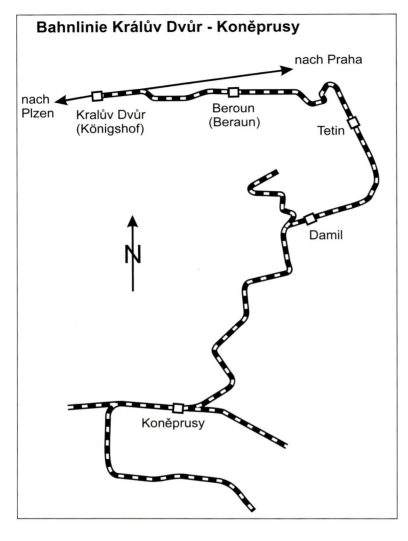

Dvur) nach Koneprusy eröffnet. Die 10,5 km lange Strecke wurde als Werkbahn ausgeführt und diente dem Materialtransport. Schon zu Beginn wurden für die Werkbahn Kraluv Dvur–Beroun–Koneprusy (KBK) zwei Lokomotiven der Type U für diese Strecke beschafft, denen 1908 noch eine weitere folgte.

Neben verschiedenen anderen Lokomotivtypen gab 1961 bis 1962 auch noch die von den CSD angemietete U37.008 hier ein kurzes Gastspiel. Der Einsatz der Type U endete dann 1962. Alle drei Werklokomotiven sind zu diesem Zeitpunkt verschrottet worden.

Die Lokomotiven der Reihe U Werkbahn Kraluv Dvur

Hersteller	Fabrik-Nr.	Baujahr	Name	Bemerkungen
Krauss, Linz	3655	1899	TETIN	1938 Umzeichnung in U37.901
Krauss, Linz	3656	1899	KONEPRUSY	1938 Umzeichnung in U37.902
Krauss, Linz	5851	1908	DAMIL	1938 Umzeichnung in U37.903

Die Reihe U in Italien: Triest–Parenzo

Die Schmalspurbahn Triest–Buie–Parenzo wurde bereits zu Beginn des 20. Jahrhunderts angelegt und diente der Erschließung der westlichen Küstenregion der Halbinsel Istrien. Diese war zu dieser Zeit Teil der österreichisch-ungarischen Monarchie. Daraus erklärt sich auch die Ausführung dieser Schmalspurbahn mit einer Spurweite von 760 mm und die Verwendung von Lokomotiven der Reihe U. Die Betriebsführung auf dieser Strecke oblag den kaiserlich-königlichen österreichischen Staatsbahnen (kkStB).

Am 1. April 1902 erfolgte die Eröffnung des ersten Teilabschnitts von Triest nach Buie, am 15. Dezember 1902 Jahres folgte der zweite Abschnitt von Buie nach Parenzo. Die Streckenlänge betrug 112,3 km und war aus topografischen Gründen recht anspruchsvoll trassiert. Die Abfahrtsstelle in Triest war die Station S. Andrea direkt am Hafen unweit des normalspurigen Bahnhofs Campo Marzo, der heute ein Eisenbahnmuseum beherbergt. Von dort führte die Schmalspurbahn zunächst mehr oder weniger entlang der Küste südwärts und passierte dabei Muggia, Capodistria (heute Koper) und Portorose (heute Portoroz), ehe sie sich ins Landesinnere wendete. Dort ging es dann über Buie (heute Buje) und Montona (heute Motovun) zum Ba-

Die U.20 ist für die Schmalspurbahn Triest–Parenzo gebaut worden. 1918 kam diese Strecke nach Italien und mit ihr die U.20.
Foto: Slg. Töpelmann, Archiv transpress

Die Reihe U in Italien: Triest–Parenzo

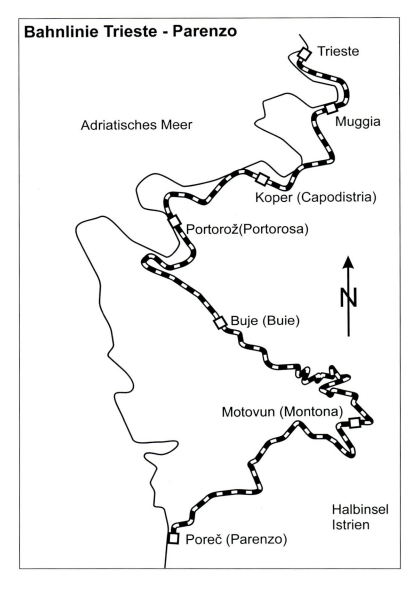

Bahnlinie Trieste - Parenzo

lien, weshalb auch die dort befindlichen Lokomotiven an die Italienische Staatsbahn (FS) gingen. Dabei behielten die dortigen Maschinen allerdings ihre österreichische Nummer. Unter italienischer Betriebsführung wurden dann zwar noch einige neue Dampflokomotiven der Type P beschafft, doch der Niedergang der Bahn konnte durch die Weltwirtschaftskrise einerseits und das Aufkommen des Kraftwagenverkehrs andererseits nicht verhindert werden. So verkehrte am 31. August 1935 der letzte Zug von Parenzo nach Triest. Anschließend wurde die Strecke abgetragen. Nach dem Zweiten Weltkrieg wurde Istrien geteilt, nur das unmittelbare Hinterland von Triest blieb bei Italien, der Großteil ging an Jugoslawien. Als 1991 der jugoslawische Bundesstaat zerfiel erfolgte eine neue Grenzziehung, die Umgebung von Koper gehörte nunmehr zu Slowenien, das Gebiet südlich davon zu Kroatien. Somit würde unsere Schmalspurbahn heute drei Staaten berühren.

deort Parenzo (heute Porec), der wieder an der Küste liegt.

Die unterschiedlichen Namen weisen schon auf die politischen Veränderungen hin, die seit dem Bau der Bahn eingetreten sind. 1918 fiel die gesamte Halbinsel Istrien einschließlich der Hafenstadt Triest nach dem Zerfall der Monarchie an Ita-

Die Linie Triest–Parenzo hatte als Erstausstattung vier Lokomotiven der Reihe U erhalten – U20, U21, U22 und U23. Alle vier Maschinen waren 1901 bei Krauss in Linz gebaut und direkt nach Triest geliefert worden. Das steigende Verkehrsaufkommen machte dann die Beschaffung weiterer Lokomotiven erforderlich, die 1908 geliefert wurden. Es waren dies die U37, U38, U39 und U40. Als man auch diese Maschinen nicht mehr den betrieblichen Belangen genügten, beschafften die kkStB 1911 drei D1'h2-Tenderlokomtiven der Reihe P (spätere Baureihe 199 der ÖBB), auf die hier aber nicht näher eingegangen werden soll. Diese stärkeren Maschinen erlaubten die Ablösung dreier U, und noch im gleichen Jahr wurden die U37, U38 und U40 an die Strecke Weiz–Birkfeld abgegeben.

Während des Ersten Weltkriegs wurden die Lokomotiven U21 und U22 am 22. Juni 1917 durch einen Frontalzusammenstoß bei Buie schwer beschädigt und anschließend ausgemustert. Der wachsende Militärverkehr erforderte aber zusätzliche Maschinen und so wurden 1918 die Lokomotiven U4, U7, U8, U31, U33 und U42 nach Triest beordert. Noch vor Kriegsende kehrten die U7 und U8 nach Österreich zurück, der FS verblieben somit sieben Maschinen der Reihe U (U4, U20, U23, U31, U33, U39 und U42). Alle Lokomotiven waren dann noch bis 1935 im Bestand der FS ohne neue Nummern zu erhalten. Nach der Einstellung der Strecke wurden sie nicht mehr benötigt und in der Folge verschrottet.

Heute erinnert nur noch ein Lokomotivdenkmal im slowenischen Koper an die Verwendung der Reihe U in Istrien. Es handelt sich um die U37, die zwar niemals hier gefahren ist, aber als einziges Exemplar dieser Type im ehemaligen Jugoslawien erhalten geblieben ist und daher in Koper zur Aufstellung gelangte.

Die Reihe U in Jugoslawien

Verwendung der U am Balkan im Ersten Weltkrieg

Die eingangs erwähnte Normierung der Spurweite für Schmalspurbahnen innerhalb der österreich-ungarischen Monarchie auf das Maß von 760 mm führte im Verlauf des Ersten Weltkriegs dazu, dass Lokomotiven von verschiedenen Schmalspurbahnen durch die Armee requiriert wurden und in der Folge auf den diversen Kriegsschauplätzen zum Einsatz kamen.

Einer dieser Kriegsschauplätze war der Balkan. Hier oblagen der kaiserlich-königlichen Heeresbahn Süd (kkHB Süd) die Transportaufgaben. Die kkHB Süd stützte ihre Schmalspuraktivitäten vor al-

■ Die U.29 fiel 1918 mitsamt der Strecke Split–Sinj an das Königreich der Serben, Kroaten und Slowenen – das spätere Jugoslawien. Erst nach 1933 wurde ein neues Nummernschema eingeführt und die Lok als 188-004 bezeichnet. Davor lief sie als U.29, allerdings wurde das Lokschild mit einem kyrillischen »U« ausgestattet. Die Aufnahme entstand im September 1933 in Sarajevo.
Foto: Rozenburg, Archiv Luft

Die Reihe U in Jugoslawien

lem auf das bosnische Schmalspurnetz, wozu damals neben den Bosnisch-herzegowinischen Staatsbahnen (BHStB) auch die so genannte Steinbeisbahn gehörte. Die Steinbeisbahn war als private Waldbahn von Otto Steinbeis errichtet worden. Auf ihrem Netz fand allerdings auch öffentlicher Personenverkehr statt. Einer der Betriebsmittelpunkte der Steinbeisbahn war Prijedor und hier etablierte sich die kkHB Süd mit ihrem Schmalspurbetrieb. Nachdem der Fuhrpark der Steinbeisbahn für diese Zwecke nicht ausreichte, wurden nach und nach sowohl aus der ungarischen als auch aus der österreichischen Reichshälfte Dampflokomotiven nach Prijedor ver-

■ Nach 1933 entstand diese Aufnahme der JDZ 188-003 (kkStB U.35). *Foto: Archiv Luft*

fügt. Die Verwendung dieser Maschinen war oft zeitlich beschränkt. Ergab sich die Notwendigkeit für größere Reparaturen, so wurden die Loks oft zurück in ihre Heimat gebracht und durch andere Fahrzeuge ersetzt.

■ Andere Wege ging man in Jugoslawien bei der Beschriftung der U.37. Man beließ das Schild der kkStB mit Lateinschrift, meißelte jedoch die Aufschrift »k.k. Staatsbahnen« weg. Die Lok gelangte nie in den Bestand der JZ sondern lief bei verschiedenen Waldbahnen, zuletzt in Busovaca, wo am 9. September 1967 diese Aufnahme entstand. *Foto: Alfred Luft*

Die Reihe U in Jugoslawien

Bei einer Werkbahn verblieb auch die SKGLB 5. Das Bild vom 9. September 1967 zeigt sie in Novi Travnik. Heute befindet sie sich im Museum Mondsee. *Foto: Alfred Luft*

Die U.2 verblieb nach dem Ersten Weltkrieg ebenfalls in Jugoslawien. Sie kam zur Usoratalbahn und erhielt dort die Nr. 8. Später lief sie mit derselben Nummer in Teslic, wo sie am 11. August 1969 abgelichtet wurde. *Foto: Alfred Luft*

Die Reihe U in Jugoslawien

Die U.37 steht heute als Denkmal im slowenischen Koper und erinnert an die Schmalspurbahn Triest–Parenzo (30. Juli 1983).
Foto: Roland Beier

Zu den von den kkHB requirierten Maschinen gehörten natürlich auch einige aus der U-Familie, wobei es neben den U der kkStB auch einige Privatbahnloks nach Bosnien verschlug. Die Geschichte der kkHB-Lokomotiven ist nicht hundertprozentig erforscht, doch ergibt sich aus den vor-

Im Ersten Weltkrieg auf dem Balkan eingesetzte Lokomotiven der Reihe U

Lok	Bemerkungen
U.1	1916 kkHB Süd, 1918 zurück an kkStB
U.2	1916 kkHB Süd, Steinbeisbahn Nr.39'', Usoratalbahn Nr.8
U.3	1916 kkHB Süd, Steinbeisbahn Nr.40
U.7	1916 kkHB Süd, Steinbeisbahn Nr.41, 1918 zurück an kkStB
U.29	1915 kkHB Süd, 1915 nach Spalato, SHS/JDZ 188-002
U.32	1916 kkHB Süd, Steinbeisbahn Nr.46, 1918 zurück an kkStB
U.35	1915 kkHB Süd, Steinbeisbahn Nr.53 (?), SHS/JDZ 188-003
U.36	1916 kkHB Süd, Steinbeisbahn Nr.43, Bergwerk Zenica
U.37	1915 kkHB Süd, Steinbeisbahn Nr.48, Waldbahn Busovaca
U.39	1915 kkHB Süd, 1915 nach Spalato, 1918 FS
U.40	1915 kkHB Süd, 1918 zurück an kkStB
SKGLB 3	1918 kkHB Süd, 1921 zurück an SKGLB
SKGLB 5	1917 kkHB Süd, Steinbeisbahn Nr.45, Werkbahn Novi Travnik
SKGLB 8	1916 kkHB Süd, Steinbeisbahn Nr.42
ZB RAIMUND	1916 kkHB Süd, Steinbeisbahn Nr.38'', 1918 zurück an ZB
NÖLB U.5	1916 kkHB Süd, 1918 zurück an NÖLB
MAR 3	1916 kkHB Süd, SHS/JDZ 183-001

Die Reihe U in Jugoslawien

In Jugoslawien verbliebene Lokomotiven der Reihe U

Hersteller	Fabrik-Nr.	Baujahr	Bahn	alte Betriebs-Nr.	Bemerkungen
Krauss, Linz	2361	1890	MAR	3	JDZ 183-001 vor 1940 kassiert
Krauss, Linz	4973	1903	kkStB	U.30	JDZ 188-001 1942 an Deutsche Reichsbahn
StEG	3063	1903	kkStB	U.28	JDZ 188-002 vor 1940 kassiert
Krauss, Linz	5694	1907	kkStB	U.35	JDZ 188-003 vor 1940 kassiert
StEG	3064	1903	kkStB	U.29	JDZ 188-004 1942 DRB
Krauss, Linz	3639	1897	kkStB	U.2	Usoratalbahn Nr.8
Krauss, Linz	3640	1897	KkStB	U.3	Steinbeisbahn Nr.40
Krauss, Linz	2752	1892	SKGLB	Nr.8	Steinbeisbahn Nr.42
Krauss, Linz	5799	1907	KkStB	U.36	Bergwerk Zenica
Wiener Neustadt	4867	1908	KkStB	U.37	Waldbahn Busovaca
Krauss, Linz	2342	1890	SKGLB	Nr.5	Werkbahn Novi Travnik

liegenden Unterlagen, dass zumindest die nachfolgend angeführten Lokomotiven aus der U-Familie zeitweise bei der kkHB Süd verwendet wurden.

Bei Ende des Ersten Weltkriegs gelang es der kkHB Süd nicht mehr, alle Lokomotiven beim Rückzug mitzunehmen, und so sind einige dieser Maschinen nach 1918 in Jugoslawien verblieben. Jahrelang blieb deren weiterer Verbleib, soweit sie nicht in den Bestand der späteren Jugoslawischen Staatsbahnen (JDZ) gelangten, im Dunkeln. Erst durch den Besuch österreichischer Eisenbahnfreunde konnten in den 60er-Jahren einige dieser Lokomotiven bei Waldbahnbetrieben aufgespürt werden. Die nachstehende Liste gibt Aufschluss über die nach 1918 in Jugoslawien verbliebenen Maschinen.

Einige Lokomotiven kamen in jugoslawischen Besitz durch die Übernahme einer Strecke der kkStB, die sich nach 1918 auf jugoslawischem Gebiet befand und die nachstehend näher beschrieben wird.

Spalato–Sinj

Relativ wenig ist über diese Schmalspurbahn bekannt, die die dalmatinische Küste bei Spalato (heute Split) mit der im Hinterland gelegenen Stadt Sinj verband. Die 45,1 km lange Strecke wurde am

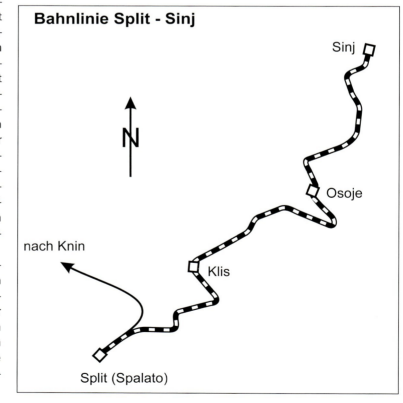

Die Reihe U in Jugoslawien

12. September 1903 eröffnet und durch die kaiserlich-königlichen österreichischen Staatsbahnen (kkStB) betrieben. Als Erstausstattung wurden die Loks U.28, U.29 und U.30 beschafft, und dabei blieb es auch. Die U.29 musste 1915 vorübergehend an die Heeresbahn Süd abgegeben werden, kehrte aber bald wieder nach Spalato zurück. 1915 kam auch die U.39 vorübergehend von der Heeresbahn hierher, doch wurde die Maschine schon kurz darauf wieder nach Triest abgegeben.

Nach Kriegsende 1918 blieben alle drei U in ihrer ursprünglichen Heimat. Die U.29 wurde 1920 durch die U.35 ersetzt und ging nach Sarajevo. Bis 1928 verschwanden auch U.28 und U.30 aus Split. 1931 wurde schließlich auch die U.35 abgezogen. Die Betriebsführung oblag nunmehr den Bahnen des Königreichs der Serben, Kroaten und Slowenen (SHS). 1933 erfolgte deren Umbenennung in »Jugoslawische Staatsbahn« (JDZ) und die Maschinen erhielten die Baureihenbezeichnung 188. Eine Lok wurde vor 1940 ausgemustert, die beiden anderen wurden nach Poljcane umstationiert (siehe Steiermärkische Landesbahnen). Von dort gelangten sie noch in den Bestand der Deutschen Reichsbahn, die sie an die Steiermärkischen Landesbahnen weitergab. 1948 kehrten diese beiden Maschinen (188-001 und 188-004) nach Jugoslawien zurück, kamen jedoch nicht mehr nach Split. Diese Strecke wurde inzwischen mit Loks der JZ Reihe 83 betrieben und 1965 stillgelegt.

Die Reihe U in Polen

Przeworsk–Dynów

Galizien gehörte bis 1918 zur österreich-ungarischen Monarchie und wurde eisenbahnmäßig schon früh durch die Strecke Krakau–Przemysl–Lemberg erschlossen. Die abseits dieser Hauptverbindung gelegenen Landstriche erhielten im Lauf der Zeit Anschluss durch den Bau verschiedener Seitenstrecken. 1903 wurde eine Schmalspurbahn von Przeworsk (westlich von Przemysl gelegen) nach Süden bis Dynów konzessioniert. Die Eröffnung der 46,2 km langen Bahnlinie erfolgte am 8. September 1904, die Betriebsführung oblag den kaiserlich-königlichen österreichischen Staatsbahnen (kkStB). Für den Betrieb wurden abweichend von den meisten übrigen Bahnlinien keine Lokomotiven der Reihe U beschafft. Vielmehr entschlossen sich die kkStB zur Anschaffung von vier Verbundlokomotiven der Reihe Uv, die sich bereits bei den Niederösterreichischen Landesbahnen bewährt hatten und über eine höhere Leistung als die Reihe U verfügten. Diese vier Uv blieben die einzigen Maschinen dieser Type, die von der kkStB beschafft wurden.

Nach dem Beginn des Ersten Weltkriegs kam es im Zuge der Kriegshandlungen mit Russland zu

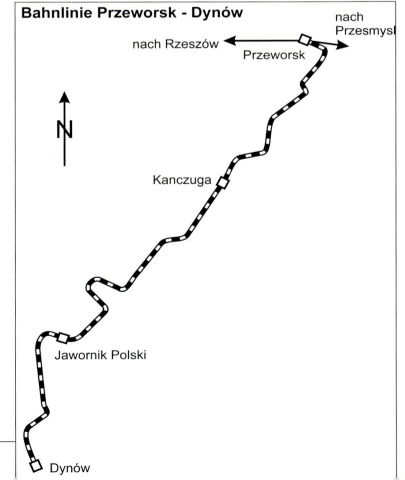

Die Uv.1 wurde von den kkStB für die Strecke Przeworsk–Dynów gebaut und fiel 1915 vorübergehend der russischen Armee in die Hände, welche die Lok abtransportierte. Die Aufnahme zeigt sie auf einem russischen Transportwagen, davor russische Soldaten.
Foto: Archiv Keith Chester

Eine Lok der Reihe Uv auf der Strecke Przeworsk–Dynów in Jawornik Polski. Foto: Sammlung Piotr Staszewski

weiträumigen Veränderungen des Frontverlaufs. Anlässlich eines russischen Vorstoßes weit nach Galizien hinein geriet auch die Bahnlinie Przeworsk–Dynów vorübergehend in russische Hände. Dabei fielen den Eroberern auch die Betriebsmittel der Schmalspurbahn in die Hände. Zumindest eine der Uv wurde nachweislich von russischem Militär abtransportiert. Im Zuge Verlauf der Kriegshandlungen kehrte sie aber später wieder vorübergehend in den österreichischen Einflussbereich zurück.

Nach Kriegsende 1918 befand sich dann nur noch eine der ursprünglich vier Lokomotiven in Przeworsk. Die Uv.1 war in Rumänien auf der Strecke Ciudei–Coscinia verblieben, die Uv.3 und Uv.4 standen in Russland. Anfänglich wurde der Betrieb durch die neugegründete Polnische Staatsbahn (PKP) weitergeführt. 1925 nahm die Privatbahn aber den Eigenbetrieb auf und beschaffte auch bei Krauss in Linz zwei weitere Exemplare der Reihe Uv. Erst in späteren Jahren erfolgte die neuerliche Verstaatlichung der Lokalbahn und einige der Lokomotiven kamen in den Bestand der PKP. Nach 1945 erfolgte dann eine Vereinheitlichung der Spurweite mit anderen PKP-Schmalspurbahnen, wobei man die 750-mm-Spurweite wählte. Über

Die Reihe U in Polen

Die kkStB Uv.3 in einem unbekannten Bahnhof an der Strecke Przeworsk–Dynów. *Foto: Sammlung Piotr Staszewski*

Von der Polnischen Staatsbahn übernommene bzw. beschaffte Lokomotiven der Reihe Uv

Hersteller	Fabrik-Nr.	Baujahr	Bahn	alte Betriebs-Nr.	Bemerkungen
Krauss, Linz	5170	1904	kkStB	Uv.2	PKP 3101, ab 1925 P-D Nr.1
Krauss, Linz	1372	1925	-	-	PKP 3102, ab 1925 P-D Nr.2
Krauss, Linz	1374	1925	-	-	PKP 3103, ab 1925 P-D Nr.3

Eine Uv zwischen Przeworsk und Dynów.
Foto: Sammlung Piotr Staszewski

Die Reihe U in Polen

Von der Polnischen Staatsbahn nach 1945 übernommene Lokomotiven der Reihe Uv

alte Betriebs-Nr.	neu Betriebs-Nr.
P-D Nr.2	1949 PKP Txb5-1991, Umzeichnung in Tyb6-1381, + 1968
P-D Nr.3	1949 PKP Txb5-1992, Umzeichnung in Tyb6-1382, + 1967

die verschiedenen Nummerierungen bei der PKP gibt die Tabelle Auskunft.

Mitte der 60-Jahre erfolgte zunächst die Ablösung der ursprünglichen Uv durch modernere PKP-Dampfloks (Reihe Px48) Später wurden diese dann durch vierachsige Dieselloks rumänischer Bauart ersetzt. Diese Lokomotiven stehen auch heute noch auf der Schmalspurbahn Przeworsk–Dynów im Einsatz, wobei der Personenverkehr allerdings stark rückläufig ist und auch der Güterverkehr nur noch begrenzte Zukunftsaussichten hat.

Lupków–Cisna

Im heutigen Grenzgebiet zwischen Polen und der Slowakei befindet sich eine weitere Schmalspurbahn, die seinerzeit von der kkStB errichtet wurde – die Bahnlinie Lupków–Cisna. Sie zweigt von der Hauptstrecke Humenné–Sanok ab und führt von Lupków (heute Nowy Lupków) ostwärts nach Cisna. Die Eröffnung erfolgte am 22. Januar 1898 und die Betriebsführung oblag der kkStB. An

Die kkStB Uv.1 im Bahnhof Dynów. *Foto: Sammlung Piotr Staszewski*

Die Reihe U in Polen

Die Lokomotiven der Reihe U der Strecke Lupków–Cisna

Hersteller	Fabrik-Nr.	Baujahr	alte Betriebs-Nr.	Bemerkungen
Krauss, Linz	4063	1897	U.19	PKP 3001
Krauss, Linz	3653	1897	U.17	PKP 3002
Krauss, Linz	3654	1897	U.18	PKP 3003, 1941 Deutsche Reichsbahn 99 2541, + 1944

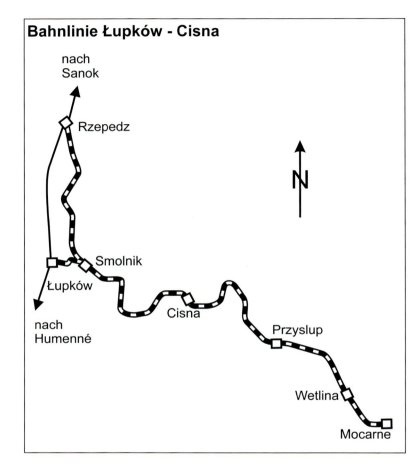

Betriebsmitteln für die 25,3 km lange Strecke beschaffte die kkStB drei Lokomotiven der Reihe U. Es handelte sich dabei um die U.17, U.18 und U.19.

Auch diese Strecke verblieb nach Kriegsende 1918 in Polen und mit ihr die dort befindlichen Lokomotiven. Diese wurden von der PKP übernommen und 1928 in deren Nummernschema eingereiht. Eine dieser Lokomotiven wurde 1941 noch in den Bestand der Deutschen Reichsbahn übernommen, aber schon 1944 ausgemustert.

Die Lokalbahn Lupków–Cisna erschloss vor allem die waldreichen Gebiete der Karpaten und so entstanden im Lauf der Jahre einige Netzerweiterungen, welche vor allem als Waldbahnen dienten. Nach dem Zweiten Weltkrieg wurde auch dieses Streckennetz auf die Spurweite von 750 mm umgebaut. In der Folge kamen dann Dampfloks der Reihen Kp4 und Px48 zum Einsatz, die schlussendlich durch Dieselloks der Bauart Lxd2 ersetzt wurden. Später gab die PKP dann den Personenverkehr auf und die widmete Strecke offiziell als Waldbahn um. Mitte der 90er-Jahre kam aber auch der Holzverkehr zum Erliegen. Allerdings wurden seither während der Sommermonate Sonderzüge für Ausflügler gefahren. Die weitere Zukunft dieser Bahnlinie ist ungewiss.

Die Reihe U bei den Steiermärkischen Landesbahnen

Um den Ausbau des Lokalbahnwesens in seinem Einflussgebiet zu fördern, hatte die Steiermark bereits 1890 das Steiermärkische Landeseisenbahnamt gegründet, welches auch als Vorbild für die Niederösterreichischen Landesbahnen (NÖLB) diente. Dieses Amt wechselte mehrmals seinen Namen. Erst 1954 wurde endgültig die Bezeichnung »Direktion der Steiermärkischen Landesbahnen« (StLB) gewählt. Die StLB bauten in Eigenregie zahlreiche Bahnlinien, darunter auch die Schmalspur-

Im Juli 1975 befand sich die S11 noch in einem der Reihe U äußerlich angenäherten Zustand auf der Stainzer Bahn. Die Aufnahme entstand in Neudorf. *Foto: Roland Beier*

1981 war die U.8 leihweise in Stainz und führte dort am 1. August den Flascherlzug bei Wohlsdorf. *Foto: Roland Beier*

bahnen Preding-Wieselsdorf–Stainz, Pöltschach–Gonobitz und Kapfenberg–Au-Seewiesen. Weiterhin übernahm die StLB auch die Betriebsführung auf der Murtalbahn und auf der Feistritztalbahn, die erst 1942 in das Eigentum der StLB übergingen. Auf diesen vier Schmalspurbahnen standen Lokomotiven der Reihe U im Einsatz, weshalb sie hier näher beschrieben werden sollen.

Stainzer Bahn

Die Schmalspurbahn von Preding-Wieselsdorf nach Stainz war die erste der Schmalspurbahnen, die vom Land Steiermark errichtet wurde. Die Gemeinde Stainz wollte zu dieser Zeit einen Anschluss an die Bahnlinie Graz–Wies-Eibiswald haben, um so eine Schienenverbindung in die Landeshauptstadt Graz zu erhalten. Am 17. Juni 1892 erfolgte die Betriebsaufnahme. Die 11,6 km lange Strecke wurde zunächst mit zwei kleinen B-Kupplern betrieben. Bereits 1932 wurde der Gesamtverkehr aus wirtschaftlichen Gründen eingestellt. Aber bereits 1933 nahm die StLB dann den Güterverkehr wieder auf und schließlich folgte 1941 auch der Personenverkehr. Zehn Jahre später, 1951, legte die StLB den Personenverkehr erneut still. 1967 überstellte man dann eine ehemalige Lok der Salzkammergut-Lokalbahn (SKGLB), die StLB S11 (ex SKGLB 11), von Kapfenberg nach Graz, um eine geeignete Reservelok für die inzwischen mit Dieselloks bespannten Güterzüge zur Verfügung zu haben. Mit dieser Maschine wurde dann 1971 ein Nostalgieverkehr aufgenommen, der weithin unter dem Namen »Stainzer Flascherlzug« bei vielen Eisenbahnfreunden bekannt ist. Diesen Namen erhielt der Zug, da in der Frühzeit der Bahn zahlreiche Fahrgäste zu einem Kräuterdoktor reisten, dem sie Urinproben in kleinen Flaschen mitzubringen pflegten.

Im Jahr 1980 endete der Güterverkehr auf der Stainzer Bahn, es verblieben nur noch die Nostalgiezüge. Diese verkehren bis heute. 1981 wurde eine neue Dampflok vorübergehend nach Stainz gebracht – die U.8 der Murtalbahn. Sie löste vorü-

■ **Die U.8 ist die älteste U, am 1. August 1982 wurde sie in Stainz fotografiert.** *Foto: Roland Beier*

■ **1984 wurde die S11 im Rahmen einer Hauptuntersuchung wieder weitgehend in den Lieferzustand zurückversetzt, wobei vor allem die kürzeren Wasserkästen auffallen. Das Foto wurde am 18. August 1984 in Stainz gemacht.** *Foto: Roland Beier*

Die Reihe U bei den Steiermärkischen Landesbahnen

Die JZ 188-004 befand sich 1941 auf der Schmalspurbahn Pöltschach–Gonobitz und gelangte in den Einflussbereich des Deutschen Reichs. In der Folge wurde sie an die Steiermärkischen Landesbahnen abgegebeb, die ihr wieder die alte Bezeichnung U.29 gaben und sie nach Weiz umstationierten. Die Aufnahme entstand dort kurz nach 1945. Im Jahr 1948 kehrte die Lok nach Jugoslawien zurück. *Foto: Franz Kraus*

die jugoslawischen Eisenbahnen (ab 1933 Jugoslawische Staatsbahn – JDZ) über. Diese verstärkten in der Folge den Fuhrpark. Interessanterweise waren darunter drei ehemalige Lokomotiven der Reihe U, nämlich die U.29 (JDZ 188-004), U.30 (JDZ 188-001) und U.35 (JDZ 188-003). Zu dieser Zeit wurde die Bahn auch um sechs Kilometer bis nach Zrece verlängert. Die 188-003 wurde noch vor 1940 ausgemustert. Die beiden anderen erlebten aber den Beginn des Zweiten Weltkrieges. Als Truppen der deutschen Wehrmacht 1941 die Untersteiermark besetzten, gelangten auch die beiden Lokomotiven in den Bestand der Deutschen Reichsbahn. Die Umnummerierung erfolgte allerdings nur auf dem Papier, denn die Reichsbahn entsann sich der ursprünglichen Betriebsführung durch die StLB und übergab dieser die Strecke und die Fahrzeuge. Die U.29 und die U.30 erhielten von der StLB wieder ihre ursprünglichen Nummern zurück. Während des Zweiten Weltkrieges wurden die beiden Loks auf andere Strecken der StLB versetzt und befanden sich 1945 daher in Österreich. Ihre Rückgabe an die JDZ erfolgte erst 1948. Anfang der 70er-Jahre erfolgte die Einstellung der Schmalspurbahn. Die Lokomotiven sind verschrottet worden.

bergehend die S11 ab, die eine Hauptuntersuchung erhielt. 1982 wurde dann die U.8 wieder durch die S11 ersetzt. Leider ist deren Kesselfrist im Jahr 2000 abgelaufen. Doch eine erneute Hauptuntersuchung ist geplant.

Pöltschach–Gonobitz

Bereits am 19. Dezember 1892 wurde die 14,9 km lange Bahnlinie von Pöltschach (heute Poljcane) nach Gonobitz (Slovenske Konjice) in Betrieb genommen. Pöltschach lag an der Hauptstrecke Wien–Triest, so dass eine gute Verknüpfung mit dem überregionalen Schienennetz gegeben war. Zur Eröffnung hatte man zwei kleine Tenderlokomotiven beschafft, welche zunächst den Gesamtbetrieb abwickelten. Nach dem Ende des Ersten Weltkrieges fiel das Gebiet der Untersteiermark 1918, in der die Bahnlinie liegt, durch die neue Grenzziehung an Jugoslawien. Die Betriebsführung ging in der Folge an

Kapfenberg–Au-Seewiesen

Bereits kurz nach Fertigstellung der Pöltschacher Bahn wurde auch die zweite von der StLB in Eigen-

Die Reihe U bei den Steiermärkischen Landesbahnen

regie errichtete Schmalspurbahn fertig gestellt. Diese Strecke führt von Kapfenberg an der Bahnlinie Wien–Bruck an der Mur nordwärts nach Au-Seewiesen. Ihre wirtschaftliche Bedeutung bestand darin, dass sie entlang des so genannten Thörlergrabens, durch den die Strecke bergauf führt, einige Industriebetriebe erschloss. Die Namen der zugehörigen Stationen Hansenhütte und Margarethenhütte zeigen, dass es sich dabei um Metall verarbeitende Unternehmen handelte. Am

Die 298.56 war 1998 vorübergehend in Kapfenberg im Einsatz, nachdem sie eine Hauptuntersuchung erhalten hatte. Am 18. Juli 1998 wurde sie in Margaretenhütte abgebildet. *Foto: Dietmar Zehetner*

Die S12 stammt von der SKGLB und war lange Jahre in Kapfenberg stationiert. Am 30. Juni 1956 bespannte sie den letzten planmäßigen Personenzug auf dieser Strecke. *Foto: Alfred Luft*

Die Reihe U bei den Steiermärkischen Landesbahnen

■ Auch die U.44 fuhr gelegentlich in Kapfenberg, so auch am 15.März 1959, als sie einen Sonderzug zusammen mit der StLB 6 führte. **Das Bild entstand in Winkl.** *Foto: Alfred Luft*

8. Dezember 1893 fand die offizielle Eröffnung statt – 23 km Strecke gingen in Betrieb. Zunächst hatte die StLB für Kapfenberg drei C-Kuppler beschafft. Aber bereits 1896 folgte mit der Lok 12 die erste Maschine der Reihe U.

Dies Lok »GRAZ« wurde im Anschluss an die U der Murtalbahn (StLB 7–11) als Nummer 12 bezeichnet. Während aber die Loks der Murtalbahn durch die zeitweise Betriebsführung durch die kaiserlich-königlichen österreichischen Staatsbahnen (kkStB) als U.7 bis U.11 bezeichnet wurden, gelangte die StLB 12 niemals in den Bestand der Staatsbahnen und darf daher auch nicht mit der kkStB U.12 verwechselt werden. Erst 1969 wurde die St LB 12 ausgemustert und verschrottet. 1921 mietete die StLB kurzfristig eine Maschine der NÖLB an. Deren U.4 (später BBÖ U.54) verkehrte bis 1922 auf der Strecke nach Au-Seewiesen.

1943 überstellte die StLB die U.44 von Murau nach Kapfenberg und gab sie erst 1964 an die Feistritztalbahn ab. Zwischen 1945 und 1947 war dann vorübergehend auch die U.7 von der Murtalbahn in Kapfenberg im Einsatz. Bei der zweiten Type aus der U-Familie, die eine Zeitlang in Kapfenberg stationiert war, handelt es sich um eine Lok, die die StLB 1958 von der stillgelegten Salzkammergut-Lokalbahn übernommen hatte. Die ehemalige SKGLB 11 wurde von der StLB als S11 bezeichnet. Sie war von 1958 bis 1967 in Kapfenberg im Einsatz und wurde dann nach Stainz abgegeben. Eine weitere

Lokomotiven der Reihe U für die Steiermärkischen Landesbahnen

Hersteller	Fabrik-Nr.	Baujahr	Betriebs-Nr.	Name
Krauss, Linz	3335	1896	12	GRAZ

Die Reihe U bei den Steiermärkischen Landesbahnen

Die Bh.1 war 1995 zu Gast in Kapfenberg, wo sie am 1. August einen Bummelzug nach Au-Seewiesen zog. *Foto: Roland Beier*

bauartgleiche Maschine war die S7 (ex SKGLB 7), die von 1973 bis 1975 vorübergehend in Kapfenberg fuhr.

Die Strecke nach Au-Seewiesen litt stets unter wirtschaftlichen Schwierigkeiten. Obwohl ursprünglich sogar ein Weiterbau zur Verbindung mit der Mariazellerbahn ins Auge gefasst worden war, blieben die Betriebsergebnisse besonders im Personenverkehr unbefriedigend. Daher verkehrten die letzten Reisezüge im März 1959. In der Folge wurden auch die letzten drei Kilometer zwischen Seebach-Turnau und Au-Seewiesen im Güterver-

Auch die U.40 war eine Weile nach Kapfenberg verliehen, um dort die Nostalgiezüge zu bespannen. Am 21. September 1991 passierte sie mit einem solchen Zug die Haltestelle Winkl. *Foto: Roland Beier*

Reihe U | **69**

kehr nicht mehr befahren. 1964 erfolgte schließlich die formale Stilllegung und der Abbruch der Strecke. Ende 1990 wurde dann auch der Güterverkehr im Abschnitt Aflenz–Seebach-Turnau eingestellt. Der Güterverkehr hing vor allem vom Wohlergehen der ansässigen Betriebe ab. Als die Eisenwerke schließlich 1994 ihren Betrieb einstellten, war auch dem Güterverkehr die wirtschaftliche Grundlage entzogen worden. Am 31.Dezember 1996 stellte die StLB den gesamten Güterverkehr offiziell ein.

Im Herbst 1991 begann ein örtlicher Verein mit der Veranstaltung regelmäßiger Nostalgiezufahrten nach Seebach-Turnau. Zu diesem Zweck wurde im September 1991 kurzzeitig die U.40 von der Murtalbahn ausgeliehen. Ab 1992 wurde diese Maschine durch die Bh.1 ersetzt, die gleichfalls von der Murtalbahn leihweise übernommen wurde. Diese Maschine wurde bis 1995 verwendet, ehe man sie durch eine andere Loktype ersetzte. Leider standen diese Bummelzugfahrten unter keinem guten Stern und mit Ablauf der Saison 1999 wurde auch dieser Verkehr aufgegeben. Seither liegt die Strecke brach und es ist wohl nur noch eine Frage der Zeit, bis sie endgültig abgetragen wird.

Murtalbahn

Die 1894 eröffnete Murtalbahn war die Geburtsstätte der eigentlichen Reihe U, was am Anfang des Buches nachzulesen ist. Die Murtalbahn selbst sollte zunächst die Bezirkshauptstadt Murau mit der Hauptstrecke St. Michael–Klagenfurt verbinden. In der Folge wollte aber auch Mauterndorf im Salzburger Lungau von dieser Bahnlinie profitieren und so entschloss man sich letztendlich zum Bau einer Schmalspurbahn Unzmarkt–Murau–Tamsweg–Mauterndorf. Die Eröffnung erfolgte am 8. Oktober 1894, am nächsten Tag begann der planmäßige Betrieb. Zu den vier ursprünglichen Lokomotiven 8 bis 11 kam 1899 nach Übernahme der Betriebsführung durch die kkStB noch die U.7 Die übrigen Maschinen hießen fortan U.8 bis U.11.

Im Jahr 1909 kam dann die U.42 neu in das Murtal und 1913 ergänzte man den Fuhrpark um eine weitere U – die U.43. Die U.42 musste 1918 nach Triest abgegeben werden und gelangte in der Folge nach Italien, von wo sie nicht mehr zurückkehrte.

Die StLB 1922 übernahm von den Österreichischen Bundesbahnen (BBÖ) die Betriebsführung auf der Murtalbahn und damit auch die Lokomotiven U.7 bis U.11 sowie die U.43. Als Ersatz für die verlorene U.42 beschaffte die StLB eine weitere U.

Die als U.44 bezeichnete Maschine war die letztgebaute U in Nassdampfausführung mit einfacher Dampfdehnung. Die Weltwirtschaftskrise machte auch vor der Murtalbahn nicht Halt und so versuchte man 1933 mit dem Einsatz von Benzintriebwagen den Personenverkehr wirtschaftlicher zu gestalten. Bereits 1932 war die U.10 verschrottet worden.

■ Die U.44 war die letztgebaute U in Nassdampfausführung. Das Fabrikschild führt die Fabriknummer aus der separaten Linzer Nummerierung, die 1918 eingeführt wurde. Foto: Roland Beier

Die Reihe U bei den Steiermärkischen Landesbahnen

Lokomotiven der Reihe U für die Steiermärkischen Landesbahnen

Hersteller	Fabrik-Nr.	Baujahr	Betriebs-Nr.
Krauss, Linz	1257	1922	U.44

1942 kam die U.29 von Pöltschach zur Murtalbahn, wurde jedoch schon 1944 nach Weiz weitergereicht. 1943 wurde die U.44 nach Kapfenberg abgegeben, im selben Jahr ging auch die U.8 nach Weiz. 1945 kam schließlich die U.40 von Weiz auf die Murtalbahn. Diese Maschine wurde 1947 auf Heißdampf umgebaut. Dafür wurde 1945 die U.7 nach Kapfenberg umgesetzt. 1967 wurde die U.11 abgestellt, blieb jedoch zunächst als Schauobjekt erhalten. 1982 verkaufte die StLB dann die U.9, die heute als Denkmal mit der Fantasiebezeichnung »298.09« in St.Pölten steht.

Bereits 1965 hatte man die U.43 auf Heißdampf umgebaut. Diese Lok wurde ab 1968 gemeinsam mit der U.40 im Nostalgieverkehr eingesetzt. Die Murtalbahn erbrachte damit in Österreich eine Pionierleistung, der später auch andere Bahnlinien folgten. Im Jahr 1976 erwarb die Murtalbahn von den Österreichischen Bundesbahnen (ÖBB) die 398.01 (ex BBÖ Bh.1) und erhielt damit die erste schmalspurige Heißdampflok für die Nachwelt. Die nunmehr wieder als Bh.1 bezeichnete Maschine wurde wieder betriebsfähig aufgearbeitet und ab 1992 war sie dann bis zu ihrem Fristablauf vorübergehend nach Kapfenberg verliehen. Mittlerweile ist die Bh.1 wieder im Murtal und wartet auf eine neuerliche Reparatur. Nach langer Abstellzeit hat die Murtalbahn 1999 die U.11 aufgearbeitet und wieder in Betrieb genommen. Dafür musste allerdings die U.43 mit einem Zylinderschaden abgestellt werden. Die dampflokbespannten Nostalgiezüge erfreuen sich nach wie vor großer Beliebtheit.

Die U.43 war am 16. Februar 1959 noch im Plandienst unterwegs. Heute fahren die U auf der Murtalbahn mit Bummelzügen.
Foto: Alfred Luft

Die Reihe U bei den Steiermärkischen Landesbahnen

■ Heute ist die U.43 mit einem Zylinderschaden außer Betrieb, am 14. Juli 1998 zog sie aber noch eine Zug durch das obere Murtal.
Foto: Dietmar Zehetner

■ Nach dem Ausfall der U.43 wurde die U.11 wieder in Betrieb genommen. Am 16. Juli 1999 passierte sie mit einem gemischten Zug Stadl an der Mur.
Foto: Dietmar Zehetner

Die Reihe U bei den Steiermärkischen Landesbahnen

■ Der letzte Abschnitt der Murtalbahn zwischen Tamsweg und Mauterndorf ist heute eine Museumsbahn und trägt den Namen Taurachbahn. Die 298.56 ist dort im Einsatz. Am 17. Juli 1999 wurde sie bei St. Andrä fotografiert. *Foto: Dietmar Zehetner*

■ Die S7 stammt von der SKGLB, heute befindet sie sich im Museum in Frojach-Katschtal. Am 9. August 1977 stand sie noch in Murau.
Foto: Roland Beier

Die Reihe U bei den Steiermärkischen Landesbahnen

■ Die U.40 ist heute eine der beiden Stannlokomotiven der Murtalbahn für die Dampfbummelzüge. Das Bild vom 18. Juli 2000 zeigt sie in **Murau**. *Foto: Roland Beier*

■ Der Nostalgiezug der Murtalbahn ist ziemlich bunt. Hier fährt die U.40 entlang der Mur bei Hintering (18. Juli 2000). *Foto: Roland Beier*

Die Reihe U bei den Steiermärkischen Landesbahnen

Weniger gut erging es leider dem Abschnitt Tamsweg–Mauterndorf: Im März 1973 wurde hier der Personenverkehr aufgegeben und 1980 wurde wegen einer beschädigten Brücke auch der Güterverkehr eingestellt. Dieser Abschnitt wurde 1982 von der Tauracbahn GmbH mit dem Ziel gepachtet, hier eine Museumsbahn einzurichten. Das ist mittlerweile erreicht worden und so gibt es zwischen Mauterndorf und St. Andrä in den Sommermonaten einen Museumsbetrieb. Neben verschiedenen anderen Dampflokomotiven besitzt die Taurachbahn auch die von den ÖBB erworbene 298.56 (ex NÖLB U.6), die inzwischen betriebsfähig aufgearbeitet worden ist.

Mit der U.11 ist wieder eine der ersten U der Murtalbahn betriebsfähig. Das Bild zeigt sie am 19. Juli 2000 mit dem Bummelzug bei Ramingstein. *Foto: Roland Beier*

Feistritztalbahn

Nach Fertigstellung der Nebenbahn Gleisdorf–Weiz forderten auch die Gemeinden des Feistritztals eine Eisenbahnverbindung. Aber erst am 15. Dezember 1911 war es so weit und die Schmalspurbahn Weiz–Birkfeld wurde eröffnet. Die Betriebsführung übertrug man den kkStB, die die U.37, U.38 und U.40 von Triest hierher überstellten. Sowohl die U.37 als auch die U.40 wurden 1915 vorübergehend an die kaiserlich-königliche Heeresbahn (kkHB) in Bosnien abgegeben, wobei die U.37 in Bosnien verblieb. 1921 übernahm die StLB die Betriebsführung auf der Feistritztalbahn, die im selben Jahr als Industrie-

Die U.38 stand lange Zeit im Feistritztal unter Dampf. Am 18. August 1954 trug sie noch den originalen Kobel-Schornstein. *Foto: Alfred Luft*

Die Reihe U bei den Steiermärkischen Landesbahnen

Am 28. Juli 1956 gab es zwischen Weiz und Birkfeld noch planmäßigen Personenverkehr. Die Aufnahme zeigt die U.7 in Koglhof. *Foto: Alfred Luft*

Auch die S7 fuhr längere Zeit auf der Feitritztalbahn. Am 4. September 1965 stand sie mit einem gemischten Zug abfahrbereit in Weiz. *Foto: Alfred Luft*

motiven beschafft worden – jedoch keine der Reihe U.

Erst 1943 gab es einen derartigen Neuzugang, als die U.8 von der Murtalbahn hierher kam. 1945 folgte ihr die U.7 nach Weiz. Während die U.7 nach Fristablauf in Birkfeld als Denkmal aufgestellt wurde, konnte die U.8 noch einmal reaktiviert werden und fuhr 1981/82 auch vorübergehend auf der Stainzerbahn. 1958 kamen von der SKGLB die beiden Loks 7 und 12 als S7 und S12 zur Feistritztalbahn. Die S12 verkaufte man 1972 nach Deutschland. Die S7 befindet sich mittlerweile im Schmalspurmuseum Frojach im Murtal. 1963 kam die U.44 von Kapfenberg zur Feistritztalbahn und wurde auf Heißdampf umgebaut.

Im September 1969 erfolgte die Stilllegung des Personenverkehrs zwischen Birkfeld und Ratten, seit 1973 ruht er auch zwischen Weiz und Birkfeld. Allerdings gibt es hier mittlerweile einen erfolgreichen Nostalgieverkehr nach Vorbild der Murtalbahn, der vom Club U.44 betrieben wird. 1980 erfolgte die Einstellung des Güterverkehrs zwischen Birkfeld und Ratten, in der Folge wurde dieser Abschnitt abgetragen. Seit einiger Zeit gibt es Güterverkehr nur mehr bis Anger, die Bum-

bahn von Birkfeld bis Ratten verlängert wurde. 1930 erfolgte in diesem Abschnitt die Aufnahme des öffentlichen Gesamtverkehrs. 1942 ging die Feistritztalbahn in das Eigentum des Lands Steiermark über. Mittlerweile waren weitere Dampfloko-

Die Reihe U bei den Steiermärkischen Landesbahnen

■ **Die U.38 war die einzige Maschine ihrer Reihe, die versuchsweise einen Flachschornstein der Bauart Giesl erhielt. In diesem Zustand präsentierte sie sich am 28. August 1959 in Weiz.**
Foto: Alfred Luft

melzüge verkehren aber weiterhin zwischen Weiz und Birkfeld. Lange Jahre war die U.44 eine der Stützen des Bummelzugsverkehrs. Nach dem Fristablauf ist sie derzeit jedoch abgestellt und wartet auf ihre Aufarbeitung. Auch die U.8 ist abgestellt.

■ **Klassische Seitenansicht einer U: Die U.7 in Weiz am 28. August 1956.** *Foto: Alfred Luft*

Die Reihe U bei den Steiermärkischen Landesbahnen

■ Im August 1962 verunglückte die U.38 und stürzte in die Feistritz. *Foto: Alfred Luft*

■ Die U.44 war lange Jahre die Stammlokomotive der Bummelzüge im Feistritztal und gab auch dem dortigen Club U.44 ihren Namen. Das Bild entstand am 10. August 1977 in Weiz. *Foto: Roland Beier*

Die Reihe U bei der Zillertalbahn

Auch die in Tirol gelegene Zillertalbahn verfügt über mehrere Lokomotiven der verschiedenen Varianten der Reihe U. Während das Unterinntal bereits früh durch die Bahnlinie Innsbruck–Wörgl erschlossen worden war, musste das Zillertal bis zur Jahrhundertwende warten, ehe es eine eigene Eisenbahn erhielt. 1899 wurde eine entsprechende Aktiengesellschaft gegründet und schon im Dezember 1900 erfolgte die Betriebsaufnahme zwischen Jenbach und Fügen-Hart. Finanzielle Schwierigkeiten ließen den Bau aber nur langsam vorankommen. 1901 wurde schließlich in drei Etappen Zell am Ziller erreicht und erst am 31. Juli 1902 wurde die Bahnlinie durchgehend bis Mayrhofen fertig gestellt. Zunächst beschaffte man drei Dampflokomotiven – zwei U und eine Uv.

Im Jahr 1905 kam dann noch eine 1'B-Lokomotive dazu. Dieser Fahrzeugpark genügte nun für längere Zeit den betrieblichen Anforderungen der Zil-

Lokomotiven der Reihe U für die Zillertalbahn

Hersteller	Fabrik-Nr.	Baujahr	Betriebs-Nr., Name	Bemerkungen
Krauss, Linz	4505	1900	1 RAIMUND	Type U
Krauss, Linz	4506	1900	2 ZILLERTHAL	Type U
Krauss, Linz	4790	1902	3 TIROL	Type Uv

Die 298.25 wurde 1993 in der Werkstätte der Zillertalbahn ausgebessert und absolvierte dort anschließend ihre Probefahrten. Die Aufnahme vom 22. Juli 1993 zeigt sie zusammen mit der ZB 5 und erlaubt einen Größenvergleich zwischen der U und der Uh. *Foto: Helmuth Lampeitl*

lertalbahn (ZB). Während des Ersten Weltkriegs stand die Lok Nr.1 »RAIMUND« vorübergehend in Diensten der kaiserlich-königlichen Heeresbahn (kkHB) in Bosnien. Sie kehrte aber 1918 wieder in das Zillertal zurück. 1930 beschaffte die Zillertalbahn dann noch eine Maschine der Reihe Uh, die sich bei den Österreichischen Bundesbahnen (BBÖ) bereits bewährt hatte.

Diese Maschine ist insofern historisch bedeutsam, da es sich bei ihr um die letzte bei Krauss in

Die Reihe U bei der Zillertalbahn

Lokomotiven der Reihe U für die Zillertalbahn

Hersteller	Fabrik-Nr.	Baujahr	Betriebs-Nr.	Bemerkungen
Krauss, Linz	1521	1930	5	Type Uh

Lok 1 der Zillertalbahn am 1. September 1958 in Mayrhofen. *Foto: Alfred Luft*

Linz gebaute Lokomotive handelt. Die Schmalspurlok war ursprünglich mit einer Caprotti-Steuerung ausgerüstet. 1941 baute man sie auf die gebräuchlichere Lentz-Ventilsteuerung um.

Im Jahr 1968 stellte die ZB die Nr.1 wegen eines schweren Kesselschadens ab. Gut zwei Jahre später, 1970, wurde sie als Schaustück an das Innsbrucker Zeughaus abgegeben. 1999 kehrte die Nr. 1 nach Jenbach zurück und ist seither im dortigen Heizhaus abgestellt.

Die Nr. 3 der Zillertalbahn in Zell am Ziller am 17. Juli 1961. *Foto: Friedrich Haftel, Archiv A. Luft*

Die Reihe U bei der Zillertalbahn

Den Dampfbetrieb hat die Zillertalbahn niemals aufgegeben. Allerdings wurde er allmählich in einen Nostalgieverkehr umgewandelt. Heute stehen die Loks ZB 2, 3 und 5 nur noch gelegentlich unter Dampf, wenn zum Beispiel die Zuglasten geringer sind. Ansonsten fährt eine aus Bosnien stammende Schlepptenderlokomotive. Das interessante an den drei anderen Lokomotiven ist jedoch, dass sie die drei wichtigsten Unterbauarten der U-Familie repräsentieren. So ist von jeder Type eine Maschine betriebsfähig im Zillertal erhalten geblieben.

■ **Die Uh der Zillertalbahn trägt die Nummer 5. Hier ist sie zusammen mit der Nr. 4, einer Heeresfeldbahnmaschine, bei Schlittern abgebildet (17. Juni 1967).** *Foto: Gerhard Lutz*

■ **Lokparade auf der Zillertalbahn am 23. August 1996: Lok 5 und Lok 3 im Vordergrund, dahinter die aus Jugoslawien stammende Nr. 4, eine Maschine der JZ Reihe 83.** *Foto: Roland Beier*

Die Reihe U bei der Zillertalbahn

Die ZB 3 ist am 27. Dezember 1978 mit einem Sonderzug in Fügen-Hart eingetroffen. Das traditionelle Weihnachtstauwetter hatte die Tallagen vom Schnee befreit. *Foto: Roland Beier*

Nur selten kommt die ZB 5 zum Einsatz, wie hier am 14. Juli 1981 in Jenbach.
Foto: Roland Beier

Die Reihe U bei der Zillertalbahn

■ Die Lok 9 der SKGLB überlebte in Mondsee auf einem Denkmalsockel. Heute steht sie im Museum Mondsee (3. September 1980).
Foto: Roland Beier

■ Die Lok 4 der SKGLB stand jahrelang als Denkmal in Pfandl, konnte aber inzwischen wieder betriebsfähig aufgearbeitet werden. Die Aufnahme zeigt sie anlässlich einer Sonderfahrt in Obergrafendorf am 14. April 1996. *Foto: Roland Beier*

Die Salzkammergut-Lokalbahn

Wie bereits eingangs erwähnt, sind einige Lokomotiven der Salzkammergut-Lokalbahn (SKGLB) als Vorläufer der Reihe U anzusehen. Bereits 1890 war der erste Abschnitt der Salzkammergut-Lokalbahn von Ischl bis Strobl eröffnet worden. 1891 folgte die Strecke Salzburg–St. Lorenz–Mondsee und 1893 die Verbindung St. Lorenz–Strobl. Mit der Eröffnung der Verbindung Ischl Lokalbahnhof–Staatsbahnhof war am 3. Juli 1894 die Gesamtstrecke fertig gestellt worden. Diese Schmalspurbahn erschloss eines der bedeutendsten Fremdenverkehrsgebiete Österreichs – den Mondsee und den Wolfgangsee.

Von den zehn Vorläufern der Reihe U (SKGLB Nr. 3 bis Nr. 12) gingen drei während des Ersten Weltkriegs zur kaiserlich-königlichen Heeresbahn (kkHB). Nur eine Maschine (SKGLB 3) kehrte zurück, die SKGLB 5 und 8 verblieben in Jugoslawien.

Die Lok 3 der SKGLB in Bad Ischl. *Foto: Alfred Luft*

Die Salzkammergut-Lokalbahn

Verbleib der Lokomotiven der Salzkammergut-Lokalbahn

Lok	Verbleib
SKGLB 3	+ 1958
SKGLB 4	Denkmal Bad Ischl, 1992 an Museum Mondsee, betriebsfähig
SKGLB 5	1918 Jugoslawien, 1982 an Museum Mondsee, betriebsfähig
SKGLB 6	+ 1948
SKGLB 7	1958 StLB S7, heute Museum Frojach
SKGLB 8	1918 Jugoslawien
SKGLB 9	Denkmal Mondsee, 1989 an Museum Mondsee
SKGLB 10	+ 1957
SKGLB 11	1958 StLB S11, heute Stainzerbahn
SKGLB 12	1958 StLB S12, heute Museum Mondsee, wartet auf Aufarbeitung

Die SKGLB blieb stets eine eigene Bahngesellschaft, obwohl sie von 1939 bis 1945 unter der Verwaltung der Deutschen Reichsbahn stand. Leider unterblieb nach 1945 die bereits geplante Modernisierung, die auch eine Elektrifizierung der

■ Die Lok 4 der SKGLB in St. Wolfgang.
Foto: J. Pfannerer, A. Luft

■ Die Lok 7 der SKGLB in Bad Ischl. Die Maschine war noch im ursprünglichen Zustand und wurde erst bei den Steiermärkischen Landesbahnen äußerlich an die Reihe U angeglichen.
Foto: Alfred Luft

■ Die Lok 10 der SKGLB in Bad Ischl.
Foto: Alfred Luft

■ Auch 1957 gab es schon Sonderzüge. Einen solchen bespannten die Loks 12 und 10 der SKGLB am 12. Juli 1957.
Foto: Alfred Luft

■ Lok 12 der SKGLB in Bad Ischl (27. August 1957). Auch diese Maschine wurde später mit Wasserkästen der U ausgerüstet.
Foto: Alfred Luft

■ SKGLB 12 mit einem abfahrbereiten Personenzug in Bad Ischl (27. August 1957).
Foto: Alfred Luft

Die Salzkammergut-Lokalbahn

Strecke beinhaltet hätte. 1948 wurde die SKGLB 6 verschrottet. Die wirtschaftlichen Schwierigkeiten der SKGLB wurden immer größer und im September 1957 endete schließlich der Personenverkehr. Ein Monat später kam auch das Aus für den Güterverkehr. Überhastet wurde nun die Strecke abgebaut und ein Teil der Betriebsmittel verkauft. Über den Verbleib der Fahrzeuge gibt die Tabelle Auskunft.

Wie aus dieser Aufstellung ersichtlich ist, hat sich mittlerweile in Mondsee ein Museum etabliert, das der SKGLB gewidmet ist. Es befindet sich im erhalten gebliebenen Heizhaus Mondsee und bewahrt drei ehemalige SKGLB-Lokomotiven auf. Fernziel des Museums ist die Wiederherstellung eines Streckenabschnitts, daher wurden auch schon zwei Lokomotiven betriebsfähig aufgearbeitet, eine weitere soll demnächst betriebsfähig werden. Die einsatzbereiten Loks können bei besonderen Anlässen auch auf anderen österreichischen Schmalspurbahnen zum Einsatz kommen.

Lokalbahn Mori–Arco–Riva

Wie bereits eingangs erwähnt, besaß die Lokalbahn Mori–Arco–Riva (MAR) insgesamt vier Maschinen der Steyrtalbahntype, die ja als Vorläufer der Reihe U anzusehen ist. Diese Schmalspurbahn wurde am 28. Januar 1891 als Privatbahn eröffnet und verband das am Gardasee gelegene Städtchen Riva mit Mori an der Bahnlinie Bozen–Verona. Bis 1905 stand die Bahn im Eigenbetrieb der Besitzer, dann wurde die Betriebsführung an die Südbahngesellschaft übertragen. Die insgesamt vier Lokomotiven (MAR 1 bis 4) blieben bis zum Beginn des Ersten Weltkriegs alle auf ihrer Stammstrecke. Alle Maschinen Loks gelangten dann zur kaiserlich-königlichen Heeresbahn (kkHB) und erlitten unterschiedliche Schicksale. Die MAR 1 kehrte wieder nach Mori zurück, wurde 1918 aber nicht mehr in Betrieb genommen und 1925 verschrottet. Die MAR 3 hingegen kam im Krieg nach Bosnien und wurde danach von der Jugoslawischen Staatsbahn (JDZ) als 183-001 übernommen. Über ihre Einsatzorte in Jugoslawien ist nichts bekannt. Sie wurde vor 1940 ausgemustert. Die MAR 4 kehrte ebenfalls nicht mehr aus dem Ersten Weltkrieg zurück, ihr weiteres Schicksal liegt jedoch noch immer im Dunkeln.

Am interessantesten gestaltete sich der weitere Verbleib der MAR 2: Sie gelangte mit der Heeresbahn nach Polen und blieb 1918 dort stehen. Die Maschine wurde jedoch nicht von der Polnischen Staatsbahn (PKP) übernommen sondern tat fortan auf einer Industriebahn in der Karpathoukraine Dienst. Als dieses Gebiet 1941 an Un-

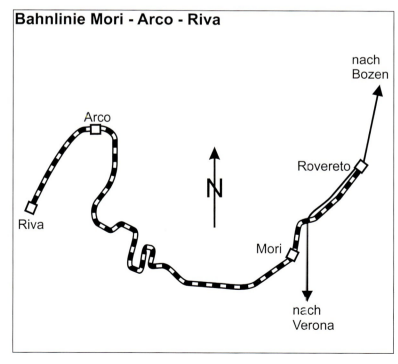

Lokalbahn Mori–Arco–Riva

■ Auf verschlungenen Pfaden gelangte die Lok 2 der Lokalbahn Mori–Arco–Riva nach Rumänien. Das Bild vom 17. September 1965 zeigt sie als CFR 395.104 in Alba Julia. *Foto: Alfred Luft*

■ Am 6. September 1967 war die CFR 395.104 bei Tautul Ampoiului unterwegs.
Foto: Alfred Luft

Lokalbahn Mori–Arco–Riva

Heute ist die ehemalige MAR Nr. 2 in einem Zoo in Omaha im Einsatz, wo sie einen Rundkurs für die Besucher befährt. Die Aufnahme vom Mai 1999 zeigt sie beim Wassernehmen. *Foto: Klaus Matzka*

garn fiel, kam die Lok in den Bestand der Ungarischen Staatsbahn (MÁV), die sie als 395.104 umnummerierte. Die MÁV setzte die Lokomotive dann in Siebenbürgen ein und als dieses Gebiet 1945 wieder an Rumänien zurückgegeben werden musste, wechselte auch die 395.104 unter Beibehaltung ihrer Nummer in den Bestand der Rumänischen Staatsbahnen (CFR). Dort stand sie dann jahrelang auf der Stecke Alba Julia–Zlatna im Einsatz. 1975 wurde sie dann ausgemustert und

anschließend von amerikanischen Eisenbahnfreunden erworben. Heute ist sie, äußerlich nur wenig verändert, in einem Zoo in Omaha im Einsatz und befährt dort einen Rundkurs mit den Besuchern des Zoos.

Die Lokalbahn Mori–Arco–Riva wurde 1918 italienisch, 1925 wurde die Strecke bis Rovereto verlängert. Eine Elektrifizierung kam nicht mehr zu Stande und am 21. Oktober 1936 wurde der Betrieb schließlich eingestellt.

Die Reihe U bei der Deutschen Reichsbahn (1938–1945)

Durch die zwischen 1938 und 1944 erfolgten Besetzungen fremder Territorien und deren teilweise Einverleibung in das Deutsche Reich gelangte auch eine Anzahl von Lokomotiven der U-Familie in den Bestand der Deutschen Reichsbahn. Den Anfang machten dabei 1938 die Lokomotiven der Österreichischen Bundesbahnen (BBÖ).

Die ehemalige Uv.2 der NÖLB wurde bei den BBÖ als Uv.6 bezeichnet und erhielt bei der Deutschen Reichsbahn die Nummer 99 802.
Foto: Eisenbahntechnisches Bildarchiv, Slg. Töpelmann, Archiv transpress

Die Reihe U bei der Deutschen Reichsbahn

Umzeichnung der BBÖ-Lokomotiven durch die Deutsche Reichsbahn

BBÖ-Nr.	Betriebs-Nr. der Deutschen Reichsbahn
BBÖ Uv.5	99 801
BBÖ Uv.6	99 802
BBÖ Uv.7	99 803
BBÖ Bh.1	99 811
BBÖ Uh.01	99 821
BBÖ Uh.02	99 822
BBÖ Uh.03	99 823
BBÖ Uh.04	99 824
BBÖ Uh.05	99 825
BBÖ Uh.06	99 826
BBÖ Uh.101	99 827
BBÖ Uh.102	99 828
BBÖ U.5	99 7811
BBÖ U.6	99 7812
BBÖ U.24	99 7813
BBÖ U.25	99 7814
BBÖ U.27	99 7815
BBÖ U.32	99 7816
BBÖ U.51	99 7817
BBÖ U.52	99 7818
BBÖ U.53	99 7819
BBÖ U.54	99 7820
BBÖ U.55	99 7821
BBÖ U.56	99 7822
Steyrtal 2	99 7831
Steyrtal 3	99 7832
Steyrtal 4	99 7833
Steyrtal 5	99 7834
Steyrtal 6	99 7835

Dabei fällt auf, dass die U ebenso wie die Steyrtalbahnloks Ordnungsnummern der 7000er-Serie erhielten, was eine bald geplante Ausmusterung ankündigen sollte. Interessanterweise haben dann einige U diese Pläne bei den späteren Österreichischen Bundesbahnen (ÖBB) bis zum Jahr 1982 überdauert.

1939 kamen dann nach Annexion des Sudetenlandes einige Lokomotiven der Tschechoslowakischen Staatsbahnen (CSD) zur Deutschen Reichsbahn, wobei die 750-mm-spurigen Maschinen der Friedländer Bezirksbahn keine Ordnungsnummern aus der 7000er-Serie erhielten.

Aus Polen kam 1941 auch eine U zur Reichsbahn.

Umzeichnung der CSD-Lokomotiven durch die Deutsche Reichsbahn

CSD-Nr.	Betriebs-Nr. der Deutschen Reichsbahn
CSD U37.007	99 791
CSD U37.008	99 792
CSD U37.009	99 793
CSD U37.002	99 7841
CSD U37.003	99 7842
CSD U37.004	99 7843

■ Auch fünf der sechs Steyrtalbahnloks wurden von der Deutschen Reichsbahn übernommen. Die Nr. 6 wurde dabei zur 99 7835.
Foto: Slg. Töpelmann, Archiv transpress

Die Reihe U bei der Deutschen Reichsbahn

■ Diese Aufnahme erlaubt einen interessanten Vergleich zwischen einer Steyrtalbahnlok (im Hintergrund) und der **99 7818** (später **ÖBB 298.52**). *Foto: Bellingrodt, Slg. Töpelmann, Archiv transpress*

■ Die **98 7818 (BBÖ U.52)** von der Heizerseite aus gesehen. *Foto: Maey, Slg. Töpelmann, Archiv transpress*

Im Jahr 1942 folgten noch zwei Maschinen aus Jugoslawien. Sie erhielten die Reichsbahn-Nummern allerdings nur buchmäßig, da sie sogleich an die Steiermärkischen Landesbahnen weitergegeben wurden.

Umzeichnung der PKP-Lokomotiven durch die Deutsche Reichsbahn

PKP-Nr.	Betriebs-Nr. der Deutschen Reichsbahn
PKP 3003	99 2541

Umzeichnung der JDZ-Lokomotiven

JDZ-Nr.	Betriebs-Nr. der Deutschen Reichsbahn	Betriebs-Nr. der StLB
JDZ 188-001	99 7823 (geplant)	StLB U.30
JDZ 188-004	99 7824 (geplant)	StLB U.29

Von den österreichischen Lokomotiven gelangten alle mit Ausnahme der 99 7816, die bei den CSD verblieb nach 1945 in den Bestand der ÖBB. Von den ehemaligen CSD-Maschinen blieb die 99 7843 als 298.14 bei den ÖBB, während sich die 99 791 im Jahr 1945 auf dem Gebiet der sowjetischen Besatzungszone in Deutschland befand und im Mai 1957 von der DR in 99 4712 umnummeriert wurde. Die beiden jugoslawischen Maschinen kehrten 1948 zur Jugoslawischen Staatsbahn zurück.

Die Reihe U bei den Österreichischen Bundesbahnen (ab 1945)

1945 erlangte Österreich wieder seine Eigenstaatlichkeit. Die ehemaligen BBÖ entstanden zunächst neu als Österreichische Staatseisenbahn (ÖStB) und hießen ab 1947 wieder Österreichische Bundesbahnen, jedoch mit der Abkürzung ÖBB. Wie schon erwähnt übernahmen die ÖBB 1945 nahezu alle U der ehemaligen BBÖ wieder in ihren Bestand, ergänzt um eine CSD-Lokomotive. 1953 wurde von den ÖBB ein neues Bezeichnungsschema eingeführt, das fünf Reihenbezeichnungen für die verschiedenen Varianten der Reihe U enthielt.

Insgesamt kamen somit folgende Lokomotiven in den Bestand der ÖBB:

Einteilung der Varianten der Reihe U bei der ÖBB

ÖBB-Reihe	Variante der Reihe U
Reihe 298	Reihe U
Reihe 298.1	Steyrtalbahnloks
Reihe 298.2	Reihe Uv
Reihe 398	Reihe Bh
Reihe 498	Reihe Uh

Wie aus der nächsten Tabelle ersichtlich ist, wurden vier Maschinen von den ÖBB noch an andere Bahnen weiterverkauft. Während die 398.01 von der StLB als Nostalgielok erworben wurde, kamen die drei anderen Lokomotiven zur Österreichischen Alpine-Montan Gesellschaft, die sie noch einige Zeit auf der Erzbahn in Radmer verwendete. Von den übrigen Lokomotiven sind zahlreiche als Denkmäler oder als Museumslokomotiven erhalten geblieben, worüber das letzte Kapitel dieses Buches Auskunft gibt.

■ Die ÖBB nummerierten ihre Maschinen erst 1953 um, bis dahin behielten sie die Nummern der Deutschen Reichsbahn. Diese Aufnahme zeigt die 99 7831, die zusätzlich die Aufschrift »U.S. ZONE ÖSTERREICH« trägt. *Foto: Franz Kraus*

Die Reihe U bei den Österreichischen Bundesbahnen

Verbleib der Reihe U bei den ÖBB

alte Betriebs-Nr.	DRB-Nr.	ÖBB-Nr.	Verbleib
U.5	99 7811	ÖBB 298.05	+ 30.03.1973
U.6	99 7812	ÖBB 298.06	+ 25.10.1973
U.14	99 7843	ÖBB 298.14	+ 05.06.1970
U.24	99 7813	ÖBB 298.24	+ 10.07.1971
U.25	99 7814	ÖBB 298.25	+ 17.11.1982
U.27	99 7815	ÖBB 298.27	+ 25.10.1973
U.51	99 7817	ÖBB 298.51	+ 06.12.1982
U.52	99 7818	ÖBB 298.52	+ 06.12.1982
U.53	99 7819	ÖBB 298.53	+ 06.12.1982
U.54	99 7820	ÖBB 298.54	+ 22.11.1972
U.55	99 7821	ÖBB 298.55	+ 29.06.1973
U.56	99 7822	ÖBB 298.56	+ 06.12.1982
Steyrtal 2	99 7831	ÖBB 298.102	+ 15.03.1973
Steyrtal 3	99 7832	ÖBB 298.103	+ 02.08.1983
Steyrtal 4	99 7833	ÖBB 298.104	+ 04.10.1972
Steyrtal 5	99 7834	ÖBB 298.105	+ 03.12.1965
Steyrtal 6	99 7831	ÖBB 298.106	+ 22.11.1972
Uv.5	99 801	ÖBB 298.205	+ 28.06.1973
Uv.6	99 802	ÖBB 298.206	+ 25.10.1973
Uv.7	99 803	ÖBB 298.207	+ 01.01.1998
Bh.1	99 811	ÖBB 398.01	15.03.1973 StLB Bh.1
Uh.01	99 821	ÖBB 498.01	07.11.1960 ÖAM 14/200
Uh.02	99 822	ÖBB 498.02	07.11.1960 ÖAM 15/200
Uh.03	99 823	ÖBB 498.03	+ 15.03.1973
Uh.04	99 824	ÖBB 498.04	+ 15.03.1973
Uh.05	99 825	ÖBB 498.05	07.11.1960 ÖAM 16/200
Uh.06	99 826	ÖBB 498.06	+ 15.03.1973
Uh.101	99 827	ÖBB 498.07	+ 15.03 1973
Uh.102	99 828	ÖBB 498.08	+ 15.03.1973

■ Auch die spätere 298.205 fuhr bis 1953 mit der Reichsbahnnummer 99 801. Das Bild entstand 1952 in Kienberg-Gaming.
Foto: Abrahamczik, Archiv Luft

Die Reihe U bei den übrigen ÖBB-Schmalspurbahnen

Steyrtalbahn

Wie bereits erwähnt, ist die Steyrtalbahn die Geburtsstätte der Reihe U-Familie. Die Maschinen der Steyrtalbahn waren der Urahn der U und aller ihren Varianten. Nach dem Anschluss der Stadt Steyr an das Hauptbahnnetz entstand auch in den übrigen Gemeinden des Steyrtals der Wunsch nach einer Eisenbahn. In der Folge wurde eine eigene Aktiengesellschaft gegründet, die diese Pläne vorantrieb. Das Projekt sah eine Streckenführung von Garsten über Pergern und Grünburg nach Klaus vor. In Pergern sollte außerdem eine Seitenstrecke über Sierning nach Bad Hall abzweigen. Alle drei Endpunkte stellen Verknüpfungen mit dem Hauptbahnnetz dar. Bereits am 20. August 1889 verkehrten auf dem Abschnitt von Garsten über Steyr Lokalbahnhof nach Grünburg die ersten Züge. Am 19. November 1890 feierten die Einwohner des Steyrtals die Eröffnung der Strecke Grünburg–Agonitz. Am 2. Dezember 1891 folgte dann der Abschnitt von Pergern bis Bad Hall. Das Teilstück von Agonitz bis Klaus konnte erst am 26. Oktober 1909 fertig gestellt werden, da man hier noch den Bau der Pyhrnbahn von Linz nach Selzthal abzuwarten hatte.

An Lokomotiven beschaffte man zunächst insgesamt fünf Maschinen der Steyrtaltype, die sich gut bewährten und daher als Vorbild für die Reihe U dienten. Im Jahr 1914 trug man dem gestiegenen Verkehrsaufkommen Rechnung und beschaffte noch eine sechste Maschine, die der Reihe U auch äußerlich sehr ähnlich war.

Die Weltwirtschaftskrise von 1929/30 machte auch vor der Steyrtalbahn nicht Halt. Aus finanziellen Gründen drohte sogar die Betriebseinstellung. Daher übertrug man am 28. Februar 1931 die Be-

■ Die Zeit der originalen Steyrtalbahn-Lokomotiven ging schon früh zu Ende. Am 11. Juni 1962 war die 298.105 bei Sarning unterwegs. *Foto: Alfred Luft*

Für einige Zeit war auch die Reihe Uh im Steyrtal. Am 15. September 1966 überquerte die 498.07 die Steyr bei Waldneukirchen. *Foto: Gerhard Luft*

Die 298.14 wurde nach ihrem Ausscheiden aus dem Plandienst zunächst in die Schweiz verkauft und befindet sich heute auf der Öchsle Museumsbahn. Die Aufnahme vom 5. August 1957 entstand in Sarning. *Foto: Alfred Luft*

Die Reihe U bei den übrigen ÖBB-Schmalspurbahnen

■ Die 298.51 (NÖLB U.1) hat in den letzten Jahren zahlreiche Metamorphosen durchlebt. Am 2. Juli 1976 war sie noch im Plandienst, trug aber einen dunkelgrünen Anstrich, der von der ÖBB-Norm abwich. Das Bild entstand in Aschach. *Foto: Roland Beier*

■ Die 298.25 passierte am 2. Juli 1976 mit einem Personenzug Letten. *Foto: Roland Beier*

Im Bahnhof Garsten wartete die 298.56 am 2. Juli 1976 darauf, den nächsten Zug nach Molln zu bespannen. *Foto: Roland Beier*

Die 298.25 am 22. August 1977 in Garsten. *Foto: Roland Beier*

Die Reihe U bei den übrigen ÖBB-Schmalspurbahnen

■ Bei Sarning war am 22. August 1977 die 298.25 nach Grünburg unterwegs.
Foto: Roland Beier

■ Die 298.25 wartet am 10. April 1981 in Garsten darauf, die Garnitur eines Personenzugs am Bahnsteig bereitzustellen.
Foto: Roland Beier

Die 298.25 setzte sich am 10. April 1981 mit einem Personenzug nach Grünburg in Sarning in Bewegung. *Foto: Roland Beier*

triebsführung an die Österreichischen Bundesbahnen (BBÖ). Die Lokomotiven allerdings blieben im Bestand der Steyrtalbahn. Im August 1933 wurde dann der Abschnitt Sierning–Bad Hall wegen mangelnder Wirtschaftlichkeit eingestellt. Im Jahr 1937 wurde dann auch die Lok 1 ausgemustert.

Am 1. Januar 1940 löste das Deutsche Reich die Steyrtalbahn ein. Den Betrieb führte nunmehr die Deutsche Reichsbahn, die auch die restlichen fünf Lokomotiven in ihren Bestand einreihte.

Nach dem Ende des Zweiten Weltkriegs befanden sich alle fünf Maschinen immer noch im Steyrtal. Erst 1949 wurde die Lok 4 (ÖBB 298.104) nach Zell am See abgegeben. Sie kehrte erst 1954 wieder in ihre alte Heimat zurück. 1955 ging schließlich die 298.105 nach Zell am See und blieb dort bis 1965. 1961 verließ dann die 298.104 Steyr in Richtung Treibach-Althofen, kam aber im folgenden Jahr schon wieder zurück. Die übrigen Maschinen setzten die ÖBB dann alle nach St. Pölten um (1963 die 298.103, 1964 die 298.106, 1965 die 298.105

und 1967 die 298.102). Dort kamen sie aber nicht mehr zum Einsatz sondern warteten in Obergrafendorf auf ihre endgültige Ausmusterung. Lediglich die 298.104 beendete ihre aktive Laufbahn im Steyrtal und wurde zunächst als Denkmal in Steyr aufgestellt.

Ab 1944 kamen dann auch andere Maschinen auf der Steyrtalbahn zum Einsatz. Vor allem die Schmalspurloks der Reihe U trugen nun bis zum Ende des Planbetriebs die Hauptlast des Verkehrs. Die 298.05 war von 1963 bis 1968 in Garsten, die spätere 298.14 (U.14) von 1944 bis 1953. 1956 erhielt man vorübergehend die 298.24, musste sie aber schon 1958 wieder abgeben. Dagegen hielt sich die 298.25 bis zum Schluss. Sie war schon 1960 vorübergehend im Steyrtal und wurde dann 1963 endgültig hier stationiert. Die 298.27 kam 1965 in das Steyrtal und blieb hier bis zu ihrer Ausmusterung im Jahr 1973.

Bereits 1942 war die spätere 298.52 ins Steyrtal gekommen, 1944 folgte ihr die 298.53, 1960

Reihe U | 103

■ Heizhausszene in Garsten: 298.25 und 298.53 werden am 23. November 1981 für die nächsten Fahrten vorbereitet. Foto: Roland Beier

■ Im Februar 1982 ging es mit dem Planbetrieb auf der Steyrtalbahn zu Ende. Wenige Tage zuvor standen 198.25 und 298.51 noch in Garsten unter Dampf. Foto: Roland Beier

die 298.56 und 1961 die 298.51. Diese vier Maschinen, die alle von der NÖLB stammten, waren dann in den letzten Betriebsjahren die Stützen des Verkehrs.

Aber auch die Type Uh stand längere Zeit im Steyrtal unter Dampf. 1962 kommandierten die ÖBB die 498.04 nach Garsten ab. Ihr folgten im Jahr 1963 die 498.08 und 1966 die 498.07. Diese drei Heißdampfmaschinen bespannten vor allem die Güterzüge nach Klaus. Sie blieben aber nicht lange im Steyrtal.

Die Reihe U bei den übrigen ÖBB-Schmalspurbahnen

Bereits 1967 wurde mit der 498.07 die Letzte ihrer Baureihe abgezogen.

Am 1. Januar 1967 mussten die ÖBB den Verkehr auf dem Abschnitt Pergern–Sierning einstellen. Im Mai 1968 fuhren auf dem Teilstück Molln–Klaus die letzten Personenzüge. Im März 1980 nahmen die ÖBB dann drohende Steinschlaggefahr zum Anlass, den gesamten Verkehr zwischen Grünburg und Klaus einzustellen. Am 1. März 1982 wurde diente die gleiche Begründung als Vorwand, um auch zwischen Garsten und Grünburg den Gesamtverkehr aufzugeben. In der Folge gelang es der Österreichischen Gesellschaft für Eisenbahngeschichte (ÖGEG), die Strecke zwischen Steyr Lokalbahn und Grünburg einschließlich eines Teils der Betriebsmittel zu übernehmen und ab 1985 einen Museumsbahnbetrieb einzurichten. Dieser erfreut sich seither größter Beliebtheit. Der ÖGEG ist es gelungen, den Bestand an Dampflokomotiven zu erweitern und so sind heute mehrere Loks der U-Familie im Steyrtal anzutreffen.

Museumsloks der Reihe U bei der Steyrtalbahn

Lok	Bemerkungen
298.52	wartet auf HU
298.53	betriebsfähig
298.102	in Aufarbeitung
298.106	in Aufarbeitung
498.04	in Aufarbeitung

Ybbstalbahn

Wie in vielen anderen Gegenden Österreichs schuf die Lokalbahngesetzgebung zu Ende des 19. Jahrhunderts auch im Ybbstal die Voraussetzungen, um dem Wunsch nach dem Bau und Betrieb einer Eisenbahn nachkommen zu können. Die Ybbstalbahn sollte von Waidhofen an der Ybbs ausgehend das Tal über Groß Hollenstein bis Lunz erschließen, von dort sollte dann eine Bergstrecke weiter bis Kienberg-Gaming im Erlauftal führen.

Bereits am 15. Juli 1896 erfolgte die Eröffnung des ersten Abschnitts von Waidhofen bis Groß Hollenstein. Nachdem die bestellten Lokomotiven der Reihe Yv zu diesem Zeitpunkt noch nicht geliefert waren, lieh man von der Murtalbahn die U.10 aus, so dass diese Maschine den Eröffnungszug führte. Im Mai 1898 fuhr man dann schon bis Lunz und am 12. November 1898 erfolgte die Eröffnung des restlichen Abschnitts bis Kienberg-Gaming. Am 9. März 1899 wurde dann mit der Einweihung des Streckenasts Gstadt–Ybbsitz der Bau der Ybbstalbahn abgeschlossen.

Die Betriebsführung auf der Ybbstalbahn oblag von Beginn an den kaiserlich-königlichen österreichischen Staatsbahnen (kkStB). Die drei ursprünglich beschafften Lokomotiven der Reihe Yv bewährten sich nicht sonderlich, da sie zu Entgleisungen neigten. Zwar konnte dieses Problem durch einen Umbau des hinteren Drehgestells behoben werden, doch unterblieb ein Weiterbau. Stattdessen beschafften die kkStB auch für die Ybbstalbahn drei Loks der Reihe U, nämlich die U.4 bis U.6. Während die U.4 im Ersten Weltkrieg nach Triest versetzt wurde und nach 1918 in Italien verblieb, standen die bei-

■ Die Reihe Uv (298.2) war früher auch auf der Ybbstalbahn im Einsatz. Die Aufnahme vom 2. März 1957 zeigt die 298.205 in Waidhofen an der Ybbs. *Foto: Alfred Luft*

Die Reihe U bei den übrigen ÖBB-Schmalspurbahnen

■ Auch die Bh fand im Ybbstal Verwendung. Am 25. August 1956 wartete sie in Göstling auf die Abfahrt nach Waidhofen. *Foto: Alfred Luft*

■ **Ein Sonderzug bescherte diese seltene Gegenüberstellung einer Uh mit einer Uv: 498.07 und 298.206 fuhren am 4. Juli 1959 von Kienberg-Gaming in Richtung Lunz.** *Foto: Alfred Luft*

■ Gelegentlich kam es auf der Bergstrecke der Ybbstalbahn auch zu Doppelbespannungen, wo wie hier 298.207 mit der 598.02 in Pfaffenschlag (28. Februar 1958). *Foto: Alfred Luft*

■ Inzwischen wurde die Bergstrecke der Ybbstalbahn zu einer Museumsbahn. Am 6. November 1994 wartete die NÖLB U.1 in Holzapfel auf die Weiterfahrt. *Foto: Roland Beier*

Die Reihe U bei den übrigen ÖBB-Schmalspurbahnen

den anderen Maschinen bis 1937 (U.6) bzw. 1941 (U.5) im Ybbstal im Einsatz.

Im Jahr 1918 kam die NÖLB U.2 (BBÖ U.52) für einige Jahre ins Ybbstal. 1938 kehrte sie nochmals zurück und blieb dann bis 1942. 1925 und 1928 setzten die Österreichischen Bundesbahnen (BBÖ) auch die U.55 jeweils kurzfristig auf der Ybbstalbahn ein.

Im Jahr 1931 traf schließlich die Heißdampflok Bh.1 im Ybbstal ein und blieb dort bis zum Ende des planmäßigen Dampfbetriebs im Jahr 1963. Im selben Jahr kam auch mit der BBÖ Uv.7 erstmals die Verbundvariante der U nach Waidhofen und blieb dort bis 1936. Nach dem Zweiten Weltkrieg gab diese Lok nochmals als 298.207 zwei Gastspiele im Ybbstal, nämlich von 1954 bis 1961 und von 1962 bis 1963.

Die Reihe Uh der BBÖ wurde ebenfalls im Ybbstal eingesetzt. So kam die Uh.01 im Jahr 1928 fabrikneu nach Waidhofen, 1939 folgte ihr die Uh.06. Beide Maschinen blieben dort bis 1947. Von 1955 bis 1959 war dann die 498.03 anwesend, von 1949 bis 1951 und von 1958 bis 1960 die 498.04, und von 1943 bis 1966 mit kurzen Unterbrechungen die 498.07. 1960 war auch kurzfristig die 498.08 im Ybbstal.

Der Verkehr auf der Bergstrecke zwischen Lunz und Kienberg-Gaming wurde von den ÖBB am 28. Mai 1988 eingestellt. In der Folge gründete die Österreichische Gesellschaft für Lokalbahnen (ÖGLB) eine eigenen Gesellschaft, die Niederösterreichischen Lokalbahnen, die die Bergstrecke als Museumsbahn übernehmen sollte. Bereits im Juni 1990 konnte der Museumsbetrieb feierlich eröffnet werden und seither wird die Bergstrecke wieder an den Wochenenden im Sommer befahren. Die ÖGLB hat sich zum Ziel gesetzt, auf dieser Strecke typische österreichische Schmalspurlokomotiven betriebsfähig zu erhalten, wozu natürlich auch die verschiedenen Varianten der U gehören. Mehrere Lokomotiven gehören heute dem Verein.

Bregenzerwaldbahn

Bregenz, die Hauptstadt des westlichsten österreichischen Bundeslands liegt am Ostufer des Bodensees. Bedingt durch den steilen Anstieg der Hänge des Bregenzerwalds verliefen die wichtigsten Verkehrswege zunächst entlang des Bodensees und des Rheintales. Um aber auch das Hinterland besser erschließen zu können, wurde entlang der Bregenzerache eine Schmalspurbahn errichtet, die bis Bezau führt. Die 35,3 km lange Strecke wurde am 15. September 1902 eröffnet. Die Linienführung durch das Tal der Bregenzerache stellte eine Herausforderung an die Ingenieure dar, die hier den ersten durchgehenden Verkehrsweg schufen.

Zur Eröffnung der Bregenzerwaldbahn wurden vier Lokomotiven der Reihe U beschafft – die U.24 bis U.27. Im Jahr 1907 kam dann noch die U.36 hinzu, um dem steigenden Verkehrsaufkommen Rechnung zu tragen. Während des Ersten Weltkriegs zogen die kaiserlich-königliche Heeresbahn (kkHB) die U.26 und die U.36 ab. Beide Lokomotiven kehrten nach Kriegsende nicht mehr nach Bregenz zurück. 1924 wurden dann die Uv.7 und die damalige Uh.1 nach Bregenz umstationiert, nachdem die BBÖ diese Maschine von den NÖLB übernommen hatte. Die Uh.1 wurde dann auch auf Grund ihrer Verwendung im Bregenzerwald in Bh.1 umnummeriert, um für die neue Reihe Uh Platz zu schaffen. Im Jahr 1925 kam dann noch die BBÖ U.51 (ebenfalls ex NÖLB) nach Bregenz. 1928 bzw. 1929 folgten dann zwei Neubauloks in Gestalt der Uh.02 und Uh.03. Daraufhin zogen die BBÖ die U.51 und die Bh.1 wieder ab, 1931 wurde nach Bewährung der Reihe Uh auch die Uv.7 abgegeben.

Die nächsten Änderungen bei den Dampfloks gab es erst 1937, als die U.27 abgezogen wurde. 1938 verließ auch die U.24 Bregenz. Dafür gab es aber Neuzugänge in Form der U.6 und der Uh.04. Nach

Museumsloks der Reihe U bei der Ybbstalbahn

Lok	Bemerkungen
298.51	ex NÖLB U.1, betriebsfähig
298 104	ex Steyrtalbahn 4 MOLLN, betriebsfähig
298.205	betriebsfähig

■ Die U.24 war ein der Originalmaschinen der Bregenzerwaldbahn. Die Deutsche Reichsbahn gab ihr 1939 die Nummer 99 7813.
Foto: Bellingrodt, Slg. Töpelmann, Archiv transpress

■ Auf der nunmehrigen Museumsbahn im Bregenzerwald war die 298.25 am 14. August 1993 bei Vorsäß unterwegs.
Foto: Helmuth Lampeitl

■ **U25 mit einem Museumszug bei Bezau (18. Oktober 1997).** *Foto: Helmuth Lampeitl*

1945 befanden sich dann auch einige deutsche Heeresfeldbahnlokomotiven in Bregenz, auf die hier nicht näher eingegangen werden soll.

Die Bregenzerwaldbahn war eine der ersten Schmalspurbahnen Österreichs, die vollständig verdieselt wurde. Bereits 1937 übernahm die Reihe 2091 die Herrschaft, und bis 1950 verschwanden die Dampfloks aus dem Streckendienst. In den Jahren 1948 und 1949 wurden die drei Uh abgezogen und 1950 folgten ihnen die U.6 und die U.24, so dass sich dann keine Maschine der U-Familie mehr in Bregenz befand. Später wurden dann die 298.24 (ex U.24) und die 498.03 (ex Uh.03) als Denkmäler in Bregenz und in Bezau aufgestellt.

Leider kam es am 14. Juli 1980 bei Kennelbach zu einem fatalen Hangrutsch, der die Strecke nachhaltig beschädigte. Zunächst sperrten die ÖBB nur der Abschnitt Kennelbach–Egg. Doch am 20. Oktober 1980 erfolgte auch die Stilllegung des Verkehrs zwischen Egg und Bezau. In der Folge wurde zwar zwischen Bregenz und Kennelbach noch ein Restbetrieb aufrechterhalten, der jedoch am 10. Januar 1983 aufgegeben wurde, so dass ab diesem Zeitpunkt die Gesamtstrecke eingestellt war.

Im Jahr 1985 konstituierte sich schließlich der Verein Bregenzerwaldbahn, der sich die Wiederherstellung zumindest eines Teilstücks der Strecke zum Ziel setzte. Zum Jahreswechsel 1987/1988 war es so weit und es fanden erste Fahrten ab Bezau statt. Am 16. Juli 1988 wurde die erste Saison begonnen und in den nächsten Jahren konnte die Strecke schrittweise wieder bis Bersbuch in Betrieb genommen werden. Damit stehen 6,1 km zwischen Bersbuch und Bezau als Museumsbahn zur Verfügung.

Zwar gab es im Mai 1999 einen Rückschlag, als ein Hochwasser die Sporeneggbrücke zum Einsturz brachte, doch konnte diese Bauwerk im Jahr 2000 wieder hergerichtet werden. Der Verein hat sich die Aufarbeitung von für die Bregenzerwaldbahn typischen Fahrzeugen zum Ziel gesetzt, aus der Familie der U gehören dazu drei Lokomotiven.

Museumsloks der Reihe U bei der Bregenzerwaldbahn

Lok	Bemerkungen
U.25	seit 1992 im Besitz der Museumsbahn, seit 1993 betriebsfähig
Uh.03	in Aufarbeitung
Uh.102	seit 2001 betriebsfähig

Krimmlerbahn

Die Bahnlinie von Zell am See nach Krimml, auch Pinzgauer Lokalbahn genannt, wurde am 2. Januar 1898 eröffnet, die Betriebsführung wurde der kkStB übertragen. Die Bahn erschließt die Fremdenverkehrsregion der oberen Salzachtals, in der sich die weltberühmten Krimmler Wasserfälle befinden.

Für den Betrieb beschaffte man zunächst eine eigene Type, die als Reihe Z (wie Zell am See) bezeichnet wurde. Diese Dreikuppler erwiesen sich aber schon bald als zu schwach und so kam nach 1918 die U.32 als Verstärkung in den Pinzgau, wo sie bis 1924 blieb. Die BBÖ ersetzten die Maschine im selben Jahr durch die U.51. Ihr folgte 1928 noch die U.52. Während die U.52 im Jahr 1938 wieder Zell am See verließ, blieb die U.51 bis zum Jahr 1961 im Pinzgau. Zwischen 1935 und 1936 war hier auch die U.24, die dann als 298.24 von 1950 bis 1956 nochmals auf diese Strecke eingesetzt wurde.

Während des Zweiten Weltkriegs gelangte auch die ehemalige BBÖ U.5 nach Zell am See, wo sie bis 1963 blieb. Die U.25 verfügte ebenfalls die

Bis 1963 stand auf der Krimmlerbahn die 298.05 im Einsatz. Die Aufnahme zeigt sie im Bahnhof Zell am See.
Foto: Bellingrodt, Slg. Kleine, Archiv transpress

Die Reihe U bei den übrigen ÖBB-Schmalspurbahnen

Deutschen Reichsbahn in den Pinzgau, wo sie mit kurzen Unterbrechungen bis 1962 im Einsatz stand. Von 1943 bis 1960 war dann auch die BBÖ U.56 (298.56) hier in Betrieb. Schließlich war auch die Verbundlok Uv.7 von 1937 bis 1941 in Zell am See stationiert.

Besondere Erwähnung verdient aber die Reihe Uh der BBÖ. Die Uh 04, 05 und 06 wurden fabrikneu an die Pinzgauer Lokalbahn geliefert und blieben dort bis 1937. Im Jahr 1960 kehrte dann die 498.04 nochmals für zwei Jahre nach Zell am See zurück. Mit der 298.104 stand aber auch eine Steyrtalbahnlok von 1949 bis 1954 auf der Pinzgauer Lokalbahn unter Dampf. Heute erinnert nur noch die in Mittersill als Denkmal aufgestellte 298.55 an die Zeiten der Reihe U im Pinzgau. Die Bahn selbst wird heute mit modernen Dieseltriebwagen betrieben und dürfte auch die nächsten Jahre gut überstehen.

■ Seit 1924 war die U.51 im Pinzgau beheimatet. Die Aufnahme aus dieser Zeit zeigt sie in Wald bei Krimml. *Foto: Slg. Töpelmann, Archiv transpress*

■ Die 498.08 rangierte am 7. August 1953 einen gemischten Zug im Bahnhof Mittersill.
Foto: Alfred Luft

Kühnsdorf–Eisenkappel

Zu den frühen Opfern des Nebenbahnsterbens in Österreich gehörte die in Kärnten gelegene Schmalspurbahn durch das Vellachtal von Kühnsdorf nach Eisenkappel. Sie

Die Reihe U bei den übrigen ÖBB-Schmalspurbahnen

wurde am 5. Oktober 1902 eröffnet und von den kkStB betrieben. Für ihren Betrieb waren anfangs zwei Vierkuppler der Type T beschafft worden. Hauptkunde der Bahn war die Zellulosefabrik Rechberg, die für ein starkes Güterverkehrsaufkommen sorgte.

Bereits 1915 kam mit der NÖLB U.51 die erste U ins Vellachtal, wo sie bis 1922 blieb. 1925 folgte die BBÖ U.5, die bis 1931 in Kühnsdorf ihren Dienst versah. Von 1930 bis 1934 und neuerlich von 1938 bis 1942 war dann die U.54 im Vellachtal. Sie kam dann 1946 nochmals hierher und blieb als 298.54 bis zu ihrem Abschied aus dem Planverkehr im Jahr 1963. Auch die BBÖ U.55 war mehrmals in Kühnsdorf, so von 1930 bis 1942 und von 1943 bis 1951.

Obwohl der Güterverkehr mit Rollwagen rationell abgewickelt werden konnte, gab es ein frühes Ende. Ein Lawinenabgang führte dazu, dass 1966 der Abschnitt Rechberg–Eisenkappel gänzlich stillgelegt wurde. Den gesamte Personenverkehr hatten die ÖBB bereits 1965 »aus Sicherheitsgründen« eingestellt. Schließlich wurde am 22. Mai 1971 auch der restliche Güterverkehr aufgegeben, seither fährt im Vellachtal keine Bahn mehr.

Gurktalbahn

Auch die zweite Kärntner Schmalspurbahn fand leider ein frühes Ende. Die am 10. Oktober 1898 zwischen Treibach-Althofen und Klein Glödnitz eröffnete Schmalspurbahn betrieben die kkStB, die dafür die Lokomotivtype T (wie Treibach) in drei Exemplaren beschaffte.

Bereits 1924 gelangte die spätere Bh.1 – damals noch als Uh.1 bezeichnet – für ein Jahr nach Treibach. 1929 kam mit der U.55 die erste U ins Gurktal, wo die Maschine mit einigen Unterbrechungen bis 1963 in Verwendung stand. Im Jahr 1934 folgte ihr die U.54, die blieb bis 1950. Von 1961 bis 1962 war dann mit der 298.104 kurzzeitig auch eine Steyrtallok in Treibach.

Im Jahr 1968 kam es zu einer Unterspülung der Strecke, die eine Entgleisung verursachte. Die ÖBB nahmen diesen Vorfall zum Anlass, um den Personenverkehr sofort einzustellen. Am 15. November 1971 fuhr dann auch der letzte Güterzug. In der Folge übernahm der Verein Kärntner Eisenbahnfreunde (VKEF) die Strecke und errichtete zwischen Treibach-Althofen und Pöckstein-Zwischenwässern die erste österreichische Museumseisenbahn. Obwohl die Strecke nur kurz ist, erwarb sich der VKEF große Verdienste um die museale Erhaltung von Schmalspurlokomotiven. Er kaufte schon frühzeitig verschiedene Loktypen an und bewahrte sie so vor der Verschrottung. Zwar fehlten dem Verein die finanziellen Mittel zur Restaurierung vieler Fahrzeuge, doch wurden diese später an andere Vereine weitergegeben und konnten dann von diesen wieder aufgearbeitet werden.

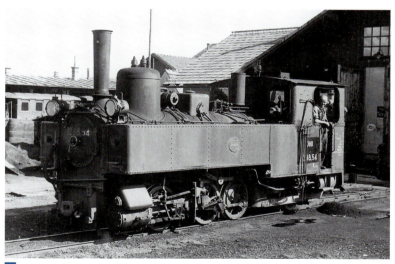

Das Foto vom 25. August 1953 zeigt die 298.54 vor dem Heizhaus in Treibach-Althofen.
Foto: G. Gilnreiner, Archiv Luft

Die Reihe U heute

Da es sich bei der Reihe U um eine relativ kleine und universell einsetzbare Tenderlokomotive handelt, erfreut sie sich bei österreichischen Museumsbahnen größter Beliebtheit. Dazu kommt, dass diese Lokomotivtype auch noch relativ lang im planmäßigen Zugdienst verwendet wurde, sodass zahlreiche Maschinen bis in die jüngere Zeit erhalten wurden. Die folgenden Tabellen geben eine Übersicht über die erhalten gebliebenen Lokomotiven der verschiedenen Bauarten der U.

■ Die 298.53 erhielt bei der Steyrtal-Museumsbahn eine Hauptuntersuchung. Am 7. Mai 1952 stand sie mit ausgebundenem Fahrwerk in Steyr Lokalbahn. *Foto: Dietmar Zehetner*

Die Reihe U heute

Die U.25 war 1999 leihweise auf der Steyrtal-Museumsbahn. Die Aufnahme vom 5. Dezember 1999 zeigt sie bei Sommerhubermühle. *Foto: Dietmar Zehetner*

Die 498.08 und die zerlegte 498.03 im Bahnhof Bezau am 29. November 1996. Inzwischen ist die 498.08 fertiggestellt, wobei der Kessel der 498.03 Verwendung fand. *Foto: Helmuth Lampeitl*

Die Reihe U heute

■ Die 498.07 steht heute als Denkmal in Obergrafendorf (24. August 1977). *Foto: Roland Beier*

Museal erhaltene Maschinen der Vorläufer-Typen der Reihe U

Bahn	Betriebs-Nr.	letzte Nr.	Standort	Bemerkungen
Steyrtal	2	298.102	Grünburg	M
Steyrtal	4	298.104	Kienberg-Gaming	b
Steyrtal	6	298.106	Steyr	HU
MAR	2	CFR 395.104	Omaha, USA	b
SKGLB	4	-	Mondsee	b
SKGLB	5	-	Mondsee	b
SKGLB	7	StLB S7	Frojach	M
SKGLB	9	-	Mondsee	M
SKGLB	11	StLB S11	Stainz	M
SKGLB	12	-	Mondsee	HU

Die Reihe U heute

Museal erhaltene Maschinen der Reihe U

Bahn	Betriebs-Nr.	ÖBB-Nr. bzw. CSD-Nr.	Standort	Bemerkungen
kkStB	U.5	298.05	Knittelfeld	D
StLB	U.7	-	Birkfeld	M
StLB	U.8	-	Birkfeld	M
StLB	U.9	»298.09«	St.Pölten	D
StLB	U.11	-	Murau	b
kkStB	U.12	U37.002	Prag	HU
kkStB	U.14	298.14	Ochenhausen	M
kkStB	U.24	298.24	Bregenz	D
kkStB	U.25	298.25	Bezau	b
kkStB	U.37	-	Koper	D
StLB	U.40	-	Murau	b
kkStB	U.41	U37.006	Ruzomberok	D
StLB	U.43	-	Murau	M
StLB	U.44	-	Weiz	M
NÖLB	U.1	298.51	Kienberg-Gaming	b
NÖLB	U.2	298.52	Grünburg	HU
NÖLB	U.3	298.53	Grünburg	b
NÖLB	U.4	298.54	Obergrafendorf	M
NÖLB	U.5	298.55	Mittersill	D
NÖLB	U.6	298.56	Mauterndorf	b
FBB	12	U37.008	Prag	M
ZB	1	-	Jenbach	M
ZB	2	-	Jenbach	b

■ Die 298.52 verließ am 31. Dezember 1984 mit einem Museumszug den Lokalbahnhof in Steyr. *Foto: Roland Beier*

Die Reihe U heute

■ Winterfahrten sind auf der Steyrtal-Museumsbahn äußerst beliebt. Am 29. November passierte die 298.53 die Haltestelle Christkindl. *Foto: Roland Beier*

Museal erhaltene Maschinen der Reihe Uv

Bahn	Betriebs-Nr.	ÖBB-Nr.	Standort	Bemerkungen
NÖLB	Uv.1	298.205	Kienberg-Gaming	b
NÖLB	Uv.2	298.206	Langschlag	D
NÖLB	Uv.3	298.207	Obergrafendorf	HU
ZB	3		Jenbach	b

Museal erhaltene Maschinen der Reihe Uh (Bh)

Bahn	Betriebs-Nr.	StLB-Nr.	Standort	Bemerkungen
NÖLB	Uh.1	Bh.1	Murau	M

Die Reihe U heute

■ Die U.7 wurde nach Ablauf der Kesselfrist in Birkfeld (Feistritztalbahn) als Denkmal aufgestellt (17. August 1985).
Foto: Roland Beier

Museal erhaltene Maschinen der Reihe Uh

Bahn	Betriebs-Nr.	ÖBB-Nr.	Standort	Bemerkungen
BBÖ	Uh.03	498.03	Bezau	M
BBÖ	Uh.04	498.04	Steyr	HU
BBÖ	Uh.06	498.06	St.Veit/Glan	D
BBÖ	Uh.101	498.07	Obergrafendorf	D
BBÖ	Uh.102	498.08	Bezau	b
ZB	5	-	Jenbach	b

■ Die 298.51 fuhr in ihrer Laufbahn als Museumslok zunächst auf der Strecke Payerbach–Hirschwang. Die Aufnahme vom 28. September 1985 entstand in Reichenau. *Foto: Roland Beier*

■ Nach ihrer Rückkehr ins aktive Leben unternahm die 298.104 am 17. Mai 1989 ihre erste Probefahrt von Obergrafendorf nach Mank. Das Bild entstand bei Rammersdorf.
Foto: Roland Beier

■ Ein Jahr später hatte die 298.51 einen hellgrünen Anstrich, wie sie ihn zuzeiten der NÖLB getragen haben soll. Die Aufnahme vom 3. August 1986 entstand ebenfalls bei Reichenau. *Foto: Roland Beier*

■ Die Lok 4 der SKGLB war am 14. April 1996 für eine einmalige Sonderfahrt in Obergrafendorf. Die Aufnahme entstand auf der Strecke nach Wieselburg bei Kilb. *Foto: Roland Beier*

■ Am 30. Juli 2000 war die 298.56 für eine Sonderfahrt zu Gast in Obergrafendorf. *Foto: Roland Beier*

■ Die 298.53 ist heute eine der Stammlokomotiven auf der Steyrtal-Museumsbahn. Das Bild vom 26. August 2000 zeigt sie im aktuellen Aussehen. *Foto: Roland Beier*

■ Das Fabrikschild der 298.53 erstrahlt in neuem Glanz (26. August 2000). *Foto: Roland Beier*

Die Reihe U heute

Bei Christkindl zieht die 298.53 am 26. August 2000 einen Museumszug nach Grünburg. *Foto: Roland Beier*

Anhang

Abkürzungsverzeichnis

b	betriebsfähige Museumslok
BBÖ	Österreichische Bundesbahnen (ab 1921)
BHStB	Bosnisch-herzegowinische Staatsbahnen
BMF	Böhmisch-Mährische Maschinenfabrik
CFR	Rumänische Staatsbahnen
CSD	Tschechoslowakische Staatsbahnen
D	Denkmal
DR	Deutsche Reichsbahn in der DDR
DRB	Deutsche Reichsbahn (1937–1945)
FBB	Friedländer Bezirksbahn (ab 1918 FOD)
HU	in Hauptuntersuchung
JDZ	Jugoslawische Staatsbahn
kkHB	kaiserlich-königliche Heeresbahn
kkStB	kaiserlich-königliche österreichische Staatsbahnen
M	nicht betriebsfähige Museumslok
MAR	Lokalbahn Mori–Arco–Riva
MÁV	Ungarische Staatsbahn
NÖLB	Niederösterreichische Landesbahnen
ÖBB	Österreichischen Bundesbahnen (ab 1947)
ÖGEG	Österreichischen Gesellschaft für Eisenbahngeschichte
ÖGLB	Österreichische Gesellschaft für Lokalbahnen
PKP	Polnische Staatsbahn
SKGLB	Salzkammergut-Lokalbahn
StEG	Maschinenfabrik der Staatseisenbahngesellschaft
SHS	Königreich der Serben, Kroaten und Slowenen (ab 1935 Jugoslawien)
StLB	Steiermärkische Landesbahnen
VKEF	Verein Kärntner Eisenbahnfreunde
ZB	Zillertalbahn
+	ausgemustert

Quellen- und Literaturverzeichnis

Beier, Sternhart: Deutsche Reichsbahn in Österreich, Wien 1999
Beier: Kleine Typenkunde österreichischer Triebfahrzeuge, Stuttgart 2000
Braté: Die Dampflokomotiven Jugoslawiens, Wien 1971
Krobot, Slezak, Sternhart: Schmalspurig durch Österreich, Wien 1975
Místní dráha Ondrásov Dvorce na Morave, Nymburk 1995
Schiendl: Mit Sack und Pack nach Pfaffenschlag, Nordhorn 1995
Slezak, Sternhart: Renaissance der Schmalspurbahn in Österreich, Wien 1986
Slezak: Von Salzburg nach Bad Ischl, Wien 1959
Tausche: Dampflokomotiven auf der Steyrtalbahn, Steyr 1982

Úzkorozchodná místní dráha Frýdlant v Cechách Hermanice, Litomerice 2000

verschiedene Ausgaben der Buchreihe »Bahn im Bild«, Wien:
Band 5: Die Zillertalbahn
Band 7: Die Salzkammergut-Lokalbahn
Band 36, 43, 56, 70: Steiermärkische Landesbahnen II–V
Band 65: Die Reihen U, Uv und Bh

diverse Ausgaben der Zeitschrift »Continental Railway Journal«
diverse Ausgaben der Zeitschrift »Die Lokomotive«
diverse Ausgaben der Zeitschrift »Dráha«
diverse Ausgaben der Zeitschrift »Eisenbahn Österreich«
diverse Ausgaben der Zeitschrift »LOK-Report«
diverse Ausgaben der Zeitschrift »Schienenverkehr aktuell«

Reiner Preuß/Reiner Scheffler
Baureihe 99.64-71
128 Seiten, 129 Bilder, davon
49 in Farbe, 4 Zeichnungen
Bestell-Nr. 71123

Starke Typen

in der Reihe »Fahrzeugportrait«

Dirk Endisch
Baureihe 50.35
144 Seiten, 124 Bilder, davon
47 in Farbe, 6 Zeichnungen
Bestell-Nr. 71113

Die Reihe »transpress-Fahrzeugportrait« möchte Ihnen berühmte Lokomotiven und Triebwagen vorstellen. Jeder der Bände enthält alles über Entwicklung, Technik und Einsatz. Eine Menge Fotos, Zeichnungen und Faksimiles setzen den Fahrzeugen ein würdiges Denkmal.

Thomas Estler
Baureihe ET 30/ET 56
128 Seiten, 118 Bilder, davon
32 in Farbe
Bestell-Nr. 71139

Jeder Band der Reihe »Transpress Fahrzeugportrait« kostet DM 29,80

Frank Larsen
Baureihe V 200.1
128 Seiten, 117 Bilder, davon
67 in Farbe, 9 Zeichnungen
Bestell-Nr. 71112

Thomas Estler
Baureihe E 93
Hier steht alles über Entstehung, Technik und Einsätze der eindrucksvollen Güterzuglok E 93, deren Stammstrecke zeit ihres Lebens die berühmte Geislinger Steige war.
128 Seiten, 130 Bilder, davon
66 in Farbe, 12 Zeichnungen
Bestell-Nr. 71122

Thomas Estler
Baureihe ET 65
Über 50 Jahre rackerten die Triebwagen der Reihe ET 65 in Stuttgart.
128 Seiten, 125 Bilder, davon
57 in Farbe, 16 Zeichn., 2 Karten
Bestell-Nr. 71111

Horst J. Obermayer
Baureihe 01.10
Die Loks der Baureihe 01.10 zählen zweifellos zur Königsklasse.
128 Seiten, 124 Bilder, davon
48 in Farbe
Bestell-Nr. 71138

IHR VERLAG FÜR EISENBAHN-BÜCHER

Postfach 10 37 43 · 70032 Stuttgart
Telefon (07 11) 21 08 06 65 · Fax (07 11) 21 08 070

Stand Juli 2001
Änderungen in Preis und
Lieferfähigkeit vorbehalten

SIE SIND AM ZUG
mit diesen neuen Dokumentationen

Roland Beier
Kleine Typenkunde österreichischer Triebfahrzeuge
Diese völlig überarbeitete Neuausgabe stellt alle Triebfahrzeugtypen der Österreichischen Bundesbahnen vor, die 1999 im aktiven Bestand geführt wurden.
144 Seiten, 111 Bilder
Bestell-Nr. 71141
DM 19,80

Jürgen Krantz
Zauber der Dampflok
Die eindrucksvollen Farbbilder von der P8, der Baureihe 01 auf der »Schiefen Ebene« oder den Öl-Jumbos im Emsland entführen den Leser in eine Epoche, als noch Ruß in der Luft lag.
144 Seiten, 153 Farbbilder
Bestell-Nr. 71158
DM 49,80

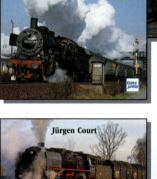

Thomas Estler, **Das große Loktypenbuch**
Die Lokomotiven und Triebzüge von den Zwanzigerjahren bis heute in ihrer im wahrsten Sinne des Wortes bunten Vielfalt. Das reich bebilderte Buch gibt kompakt und kompetent Auskunft über Technik und Einsatz der Fahrzeuge. Natürlich finden sich zu jeder Baureihe die wichtigsten technischen Daten, übersichtlich zusammengefasst und jederzeit nachzulesen.
Dazu eine Einführung in die Nummernsysteme der deutschen Staatsbahnen und der DB AG.
320 Seiten, 600 Bilder
Best.-Nr. 71159   **DM 78,–**

Jürgen Court
Renaissance der Dampflok
Im Osten Deutschlands erlebte die Dampflok vor planmäßigen Zügen in den Neunzigerjahren einen zweiten Frühling. Heute ist auch diese Episode fast schon wieder Geschichte.
144 Seiten, 136 Farbbilder
Bestell-Nr. 71143
DM 49,80

Schienenverkehr in der DDR (Band 1)
Die DR in den 60er-Jahren im Spiegel von Beiträgen aus dem »Eisenbahn-Jahrbuch«. Die Baureihen V 100 und V 180, die Elloks E 11 und E 42, aber auch die aus der Sowjetunion importierten Taigatrommeln stehen für diese Epoche.
208 Seiten, 281 Bilder
Best.-Nr. 71156   **DM 29,80**

IHR VERLAG FÜR EISENBAHN-BÜCHER

Postfach 10 37 43 · 70032 Stuttgart
Telefon (07 11) 21 08 06 65 · Fax (07 11) 21 08 0070

Stand Juli 2001
Änderungen in Preis und Lieferfähigkeit vorbehalten